CREEPYPASTAS EN ESPAÑOL

Las Creepy Pastas (Historias Cortas) más
Terroríficas del Internet que te Quitarán el Sueño.

NATE DEL VALLE

© Copyright 2021 – Nate del Valle - Todos los derechos reservados.

Este documento está orientado a proporcionar información exacta y confiable con respecto al tema tratado. La publicación se vende con la idea de que el editor no tiene la obligación de prestar servicios oficialmente autorizados o de otro modo calificados. Si es necesario un consejo legal o profesional, se debe consultar con un individuo practicado en la profesión.

- Tomado de una Declaración de Principios que fue aceptada y aprobada por unanimidad por un Comité del Colegio de Abogados de Estados Unidos y un Comité de Editores y Asociaciones.

De ninguna manera es legal reproducir, duplicar o transmitir cualquier parte de este documento en forma electrónica o impresa.

La grabación de esta publicación está estrictamente prohibida y no se permite el almacenamiento de este documento a menos que cuente con el permiso por escrito del editor. Todos los derechos reservados.

La información provista en este documento es considerada veraz y coherente, en el sentido de que cualquier responsabilidad, en términos de falta de atención o de otro tipo, por el uso o abuso de cualquier política, proceso o dirección contenida en el mismo, es responsabilidad absoluta y exclusiva del lector receptor. Bajo ninguna circunstancia se responsabilizará legalmente al editor por cualquier reparación, daño o pérdida monetaria como consecuencia de la información contenida en este documento, ya sea directa o indirectamente.

Los autores respectivos poseen todos los derechos de autor que no pertenecen al editor.

La información contenida en este documento se ofrece únicamente con fines informativos, y es universal como tal. La presentación de la información se realiza sin contrato y sin ningún tipo de garantía endosada.

El uso de marcas comerciales en este documento carece de consentimiento, y la publicación de la marca comercial no tiene ni el permiso ni el respaldo del propietario de la misma.

Todas las marcas comerciales dentro de este libro se usan solo para fines de aclaración y pertenecen a sus propietarios, quienes no están relacionados con este documento.

Índice

Introducción — vii

1. El origen — 1
2. Más leyendas — 25
3. Historias reales — 41
4. Imagina esto — 49
5. Chiquitita — 87
6. Perfume — 101
7. Un oscuro tramo de carretera — 115
8. Mueren sin nombre — 123
9. Ella debajo del árbol — 137
   Conclusión — 157

Introducción

Creepypasta es un término utilizado en el internet para unas historias cortas diseñadas para perturbar, poner nerviosas a las personas y provocar una respuesta emocional negativa y así asustar al lector. Como con cualquier cosa que se encuentra en el internet, la calidad de las historias varía bastante de una historia a otra. Las creepypastas pueden ser leyendas o imágenes de terror que han sido copiadas y pegadas por todo el internet.

Estas entradas de internet suelen ser breves, generadas por el usuario y suelen ser historias que tratan de fantasmas o alienígenas con la intención de asustar a los lectores.

Algunos de los personajes más famosos de las creepypastas son Jeff el asesino, Ted el tallador y Psicosis.

Introducción

Las creepypastas son, en general, historias perturbadoras de situaciones paranormales o de terror que se encuentran en la internet en diferentes sitios web. Una imagen animada reciente, un .gif, fue publicado en el internet en un hilo de creepypasta y mostraba una creepypasta diferente, después de más o menos un minuto repentinamente mostraban una imagen de un rostro que asustaba a la mayoría de las personas que lo veían.

Se dice que la emoción más antigua es el miedo. En el pasado oscuro antes de que comenzara la historia escrita, la humanidad ha experimentado el miedo. Refugiados en la oscuridad de las planicies de África, nuestros ancestros más antiguos escuchaban a su alrededor a los leones acechar durante la noche. En la profundidad de las cuevas de Europa, la siguiente generación de hombres vigilaba alrededor de los fuegos en el frío invierno, contando historias de los horrores que vivían escondidas en el oscuro mundo exterior. En el oriente medio, justo cuando los sumerios comenzaron a crear la escritura cuneiforme en las tabletas de piedra, los granjeros sacrificaban su ganado a los demonios que creían que vivían en el desierto.

Con el tiempo hemos aprendido a controlar nuestros miedos. Para reducir su importancia, los leones en África fueron controlados por medio de barreras de plantas espinosas y luego fueron cazados con diversas armas que fueron creadas por el ingenio humano.

Introducción

Los horrores de los fríos inviernos de Europa fueron expulsados por el retroceso de los glaciares y por la antorcha ardiente del progreso humano. Los demonios que viven en la arena perdieron sus sacrificios conforme el tiempo siguió avanzando.

En el siglo XX, tenemos internet, edificios de alturas increíbles, tenemos redes de carreteras que atraviesan continentes y el tráfico aéreo que te puede llevar a cualquier parte del mundo. Buscamos las historias de terror, los juegos emocionantes y los maratones de programas sanguinarios de televisión para satisfacer nuestra necesidad psicológica del miedo aquí en el mundo occidental. Es casi como si ahora el miedo fuera un juguete para nosotros; solamente nos encontramos con el verdadero miedo unas cuantas veces en nuestras vidas adultas.

¿Pero qué ha sido de todas esas historias de terror que nuestros ancestros contaban alrededor del fuego? ¿Todas las cosas que vieron cuando observaban dentro de las tormentas del pasado antiguo? No se han ido. Donde no llega la luz, donde gobiernan las sombras, todavía viven ahí. Se arrastran en sus eternas tumbas, soñando cosas horribles y oscuras mientras las eras pasan a su alrededor.

Fuera de la señal de los teléfonos, lejos de las rutas de vuelos comerciales y de los destinos de envidio, donde nadie puede ver, ahí construyen sus reinos.

Introducción

En el mundo subterráneo se alimentan de cualquier cosa que se arrastre cerca de ellos. Masas hechas de pesadillas, de carne y músculo retorcido, oscuros aun dentro de la oscuridad, ahí esperan.

Porque, algún día, las luces van a desaparecer otra vez y nunca más van a volver a encenderse.

Comunidad

La comunidad de los creepypastas es vasta y variada, compuesta de individuos de todas las edades, géneros y de todo tipo de vida. Hay escritores y lectores, actores de voz y quienes hacen reseñas. La dinámica de la comunidad cambia dependiendo del sitio web; la creepypasta wiki es diferente de creepypasta.com, así como también son diferentes de creepypasta.org. Reddit, Deviantart, Tumblr cada plataforma es única, al igual que las historias que cuentan, lo único que tienen en común es que aman las historias de terror y las cosas que causan escalofríos de noche. La mayoría de las interacciones con los usuarios en estos sitios son increíblemente positivas, aunque siempre encontrarás a algún individuo molesto si buscas lo suficiente.

Es una comunidad muy diversa, pues puedes encontrar autores que van desde los 17 años hasta los 60 o más y escriben historias muy variadas. Igualmente puedes encontrar historias ilustradas y algunas narradas con voz.

Introducción

Tanto los lectores como los autores vienen de diferentes contextos de vida. Algunos tienen vidas difíciles y otros no. Incluso puedes encontrar empresarios exitosos en esta comunidad.

Los foros populares como Reddit también permiten que los miembros de la comunidad hablen entre ellos y compartan sus historias y opiniones. La mayoría de las veces, la retroalimentación suele ser muy positiva puesto que, si llega a haber críticas, son constructivas.

El futuro de las creepypastas

Es posible que las creepypastas sigan rondando en las redes sociales en el futuro. Si se trata de historias de terror y leyendas urbanas, se sabe que existen desde el inicio de los tiempos humanos. El término creepypasta se refiere a las historias que son la primera gran contribución de la era del internet al génesis de esas antiguas tradiciones.

Quizás las creepypastas cómo se conocen hoy en día no sean iguales dentro de diez años, pero las historias, la emoción de los escalofríos en los brazos y la sensación de miedo recorriendo tu columna vertebral, todas esas cosas son eternas.

Aunque la nomenclatura puede cambiar, las historias breves de miedo y de terror van a seguir atrayendo público.

Es improbable que los sitios web que contienen estas historias cierren pronto. Esto se debe a que son lugares muy buenos en los que los escritores pueden mostrar sus creaciones y donde los lectores pueden encontrar las historias que buscan.

A las personas les gusta el terror, pero las personas de la actualidad no tienen tanto tiempo como antes para disfrutar de una novela o una película, por lo que las historias breves de terror, los creepypastas, son una excelente solución para aquellas personas que desean entretenimiento rápido y bueno. Es algo que se puede disfrutar y también es muy conveniente. Es posible que incluso lleguen a haber más creepypastas y más proyectos evolucionando a partir de ellas.

1

El origen

Si eres fanático de las creepypastas, es probable que ya conozcas la perturbadora historia del episodio perdido de "El suicidio de Calamardo", el personaje dueño de la caricatura infantil Bob Esponja. Si no la has leído, puedes buscarla y luego volver a esta lista. Es un ejemplo de lo que es una creepypasta, es decir, una historia breve que se encuentra en el internet y está diseñada básicamente para sorprender al lector. Es como la versión del internet de sentarse alrededor de la fogata durante un campamento y contar historias de terror.

Estas son algunas de las historias más conocidas y que se pueden considerar como las creepypastas que son el origen de todo lo demás.

. . .

1999

Simplemente conocida como 1999, esta historia es una de las leyendas urbanas más realistas y espeluznantes del internet. La historia sigue el viaje de un bloguero canadiense llamado Elliot, mientras él busca el significado de un misterioso canal de televisión que vio en el año 1999.

El recuerda que era y vagas cuya comprensión llegaba hasta después de terminar de leerlo. Se dio cuenta de que era probable que lo hubiera hecho un depredador local. Mientras siguió investigando, supo que el hombre que hacía funcionar el canal estaba intentando atraer a los niños a su casa para sacrificarlos. Para rematar, Elliot también se dio cuenta de que el hombre loco estaba torturando y matando niños mientras utilizaba el disfraz de un oso y se hacía llamar "Señor Oso".

Sólo habían unos cuantos "programas" que salieron al aire en este misterioso canal, lo más probable es que se debiera a que sólo funcionaba de 4:00 de la tarde a las 9:00 de la noche. El primer programa se llamaba Booby y mostraba a personajes que eran manos reales actuando sobre una mesa, lo cual, obviamente, era de muy bajo presupuesto.

. . .

El programa tenía como protagonista una mano llamada Booby que se encontraba en una situación diferente en cada episodio. Sin embargo, los episodios se volvieron cada vez más extraños.

De hecho, durante un episodio con el título "Jugando con tijeras", Booby aparecía sosteniendo unas tijeras mientras otra mano más pequeña se retorcía violentamente en el fondo, como si estuvieras sosteniendo al aire a la fuerza.

Booby luego procedió a enterrar las tijeras repetidamente en la pequeña mano a la vez que en se podían escuchar los gritos apagados de un niño. Las tijeras eventualmente llegaron al hueso e hicieron un horrible sonido de algo que se rompía. Esa fue la última vez que Elliot salió en un episodio de Booby.

Después, en la psicótica programación del Señor Oso, la cual mostraba a un hombre mentalmente inestable vestido del Señor Oso. Lo que sucedía en esos episodios del Señor Oso son demasiado sangrientos como para narrarlos aquí, por lo que tendrás que buscarlos y leerlos tú mismo en internet. Eventualmente, la policía intervino y clausuró el sádico canal de televisión de una vez por todas.

. . .

¿Acaso esta horripilante historia fue real? Es tan convincente que hace que una parte de tu mente crea que es verdad. Aun si no lo fuera, es una historia cautivadora y espeluznante.

Candle Cove

Esta historia comienza con un hilo en un foro en el que se habla sobre un antiguo programa para niños de los años setentas, el cual se trataba de una pequeña niña que se imaginaba siendo una amiga de unos piratas. El programa provocó cierta controversia, ya que durante un episodio en particular se mostraba a todos los personajes gritando por la duración del episodio completo. Literalmente, todo lo que hicieron fue quedarse parados en un solo lugar y gritar, mientras la niña pequeña gemía y lloraba como si llevara horas en esa situación. Conforme se compartían recuerdos de este programa entre los comentadores de este hilo, se volvió evidente que debajo de la apariencia de "ternura" y de bajo presupuesto del programa, había algo oscuro y perturbador.

Para el final de la sección de comentarios, se implicaba que el programa era mucho más siniestro que un recuerdo medio olvidado de la infancia.

. . .

Un recuerdo en particular que realmente sobresaltaba era el villano principal del programa, un personaje esquelético que se llamaba el "Toma-pieles". Aparentemente, su boca se deslizaba hacia adelante y hacia atrás en vez de abrirse y cerrarse. Un comentador incluso recordaba que cuando la niña pequeña le preguntó sobre su boca, el Toma-pieles la ignoró, miró directamente hacia la cámara y contestó, "para triturar tu piel".

Resulta que a uno de los comentadores le dio mucha curiosidad la legitimidad del programa, así que le preguntó a su madre si recordaba un programa para niños de los años setentas llamado Candle Cove. Ella estaba muy sorprendida de que lo recordara.

Aparentemente, él le pedía permiso para verlo y luego procedía a ajustar la antena de la televisión para que quedara en estática y miraba eso por 30 minutos.

Adaptadas a la televisión en el 2016.

La primera creepypasta en llegar a la televisión y la primera creepypasta entender su propia serie.

. . .

Cerca de morir

Halloween es la época del año en el que las personas cuentan historias de terror. Así que esta historia, narrada frecuentemente en Halloween, es contada por una pequeña niña, sobre cómo se conocieron su mamá y papá. No es la típica historia feliz y de suerte en el que un agradable hombre conoce a una chica y se enamoran de forma casi instantánea. Por supuesto, estaba involucrado el elemento del amor, pero también había miedo, por lo que es una historia que vale la pena volver a contar cada Halloween. La historia comienza cuando el papá de la niña le pide a la chica que le gustaba, la madre de la niña, que salgan en una cita hasta ese momento, todo es sencillo, un hombre le pide una cita a una mujer. Pero la historia comienza cuando ocurre la cita en el Cañón Provo, no en una cafetería como las citas normales. El padre de la niña le había pedido a su madre que fueran a hacer senderismo como cita. Para algunas personas esto puede sonar romántico, pero a veces el universo puede planear muchas más cosas bajo la bella fachada del romance. Y así sucedió, sin que el chico y la chica de la cita supieran nada.

Hacer cosas juntos, como cocinar, cantar y bailar, a veces puede unir a las personas y éste era un hecho que el padre de la niña sabía muy bien, razón por la cual tan pronto como la sencilla cita comenzó a volverse extraña, él le pidió que fueran a hacer senderismo. Al igual que con cualquier historia de amor, ella estuvo de acuerdo. Su padre había hecho senderismo en ese lugar con anterioridad, por lo que conocía todo el lugar al derecho y al revés. Pero tan pronto como comenzaron a caminar, su padre pudo sentir que algo no estaba bien. Él no dijo nada, aunque siguió caminando simplemente. La madre de la niña, para quien toda esta experiencia de hacer senderismo en una cita era algo nuevo y maravilloso, comenzó a sentirse igual que el hombre con el que había ido a esa cita. Pero ambos mantuvieron sus emociones para sí mismos, sin revelarle al otro que creían que había algo que estaba muy mal con el lugar. Físicamente, todo estaba bien, eran las mismas montañas, los mismos árboles, nada había cambiado, pero era esta fuerte sensación de que algo estaba mal la que los mantenía alertas a los dos.

Después de un momento cuando el joven intentó seguir avanzando, su pie aterrizó en un pedazo de tierra muy blanda. Pero como era muy oscuro para poder ver, él no pudo comprobar en qué había puesto su pie, sin mirar de cerca. De alguna manera, la sensación de preocupación aumentó tanto en el hombre como en la mujer, y ambos insistieron casi instantáneamente no seguir adelante y renunciar a la caminata. Volvieron a salvo a casa e incluso se casaron eventualmente. Pero eso es todo.

Años después de casarse, su hija, quien narró la historia, vio una entrevista que filmaba a uno de los asesinos seriales más infames de su tiempo. Pero esto no era lo perturbador. Cuando Ted Bundy, el hombre que había sido acusado de asesinar grotescamente a muchas personas inocentes, fue interrogado sobre cuándo fue el momento en el que estuvo más cerca de ser descubierto, él volvía a contar la historia de una noche en la que se escondió detrás de unos árboles y observó a un hombre y a una mujer, los padres de la narradora, pisar a la mujer que había asesinado. Eso lleva a pensar que el pedazo de tierra blanda que pisó el hombre no era realmente pasto fresco o hierba mullida, sino el cuerpo asesinado de la mujer que Ted había matado.

Esta historia dejó impactados a los padres y también a su hija, quien se abstiene de contar la historia de cómo fue la primera cita de sus padres.

El fisgón

En el 2003, en el noreste de los Estados Unidos, ocurrió un incidente que involucraba a una extraña criatura humanoide que atrajo la atención de los medios locales.

. . .

Después de que fue publicada la historia original, la mayoría de los documentos en línea y escritos fueron destruidos misteriosamente.

Aunque estos registros fueron eliminados, cada vez son más frecuentes los avistamientos de esta criatura, y siguen ocurriendo. Lo que es extraño es que muchas personas reaccionaron de formas diferentes ante la criatura. De hecho, las emociones experimentadas varían desde los niveles traumáticos de miedo hasta una sensación de curiosidad casi infantil.

Los avistamientos continuaron y así también comenzó la búsqueda de más información. Finalmente, en el 2006, con la colaboración de diferentes investigadores realizó un perturbador descubrimiento. Habían descubierto cerca de dos docenas de documentos que databan desde el siglo XII hasta la actualidad, todo describiendo varios avistamientos de una criatura llamada "el Fisgón". El avistamiento que más impactaba era el testimonio de una mujer que tenía la misma fecha del año del descubrimiento.

Más o menos se trataba de lo siguiente: una mujer despertó a mitad de la noche y accidentalmente terminó también despertando a su marido.

Ella se disculpó y su marido se giró para mirarla. El hombre jadeó e inmediatamente agarró a su esposa, temiendo por su seguridad. A los pies de la cama, sentado y mirando a otro lado, se encontraba la infame criatura que fue descrita con la apariencia de un perro grande y sin pelo.

Mientras los ojos a la pareja todavía se estaban ajustando a la oscuridad, la criatura saltó y se agazapó a menos de 30 centímetros del rostro del esposo. Se le quedó viendo por un momento, luego corrió hacia el cuarto de los niños. La aterrorizada pareja inmediatamente corrió detrás de la criatura, temiendo lo peor para sus hijos, pero llegaron demasiado tarde. Corrieron directo a la habitación de su hija, sólo para encontrar la mutilada y casi muerta. Mientras su hija moría, sus últimas palabras fueron, "él es el Fisgón". Luego, tan misteriosamente como apareció, el Fisgón desapareció, para nunca más volver a ser visto.

A donde van los niños malos

Esta creepypasta describe la historia de un fotógrafo que decide investigar más sobre un espectáculo para niños que él veía cuando era niño durante los tiempos de guerra en Líbano, según cuenta un usuario de internet.

El programa de televisión salía al aire cada día, con nuevos ejemplos de niños que se portaban mal.

Él cree que ese programa era un intento de los medios para mantener a los niños a raya, ya que la moraleja de cada episodio giraba en torno a alguna ideología estricta como que los niños malos se quedan despiertos hasta tarde o que los niños malos en la noche roban comida del refrigerador.

Pero lo que era más perturbador, no obstante, era la escena de cierre.

Era más o menos igual en cada episodio. La cámara se acercaba a una puerta de hierro vieja, oxidada y cerrada.

Conforme se acercaba a la puerta, gritos extraños y a veces hasta agonizantes se hacían cada vez más audibles y cada vez eran más fuertes y claros. Era extremadamente aterrador, especialmente para los niños que veían el programa. Cuando los gritos ya no podían ser peores, un texto en árabe aparecía en la pantalla y decía, "ahí es a donde van los niños malos". Eventualmente, tanto la imagen como el sonido desaparecían, lo que significaba el final del episodio.

En el presente, después de que un usuario publicó la descripción del programa de televisión, otra publicación surgió en línea, posiblemente de alguien más que pretendía ser el narrador del inicio (situación común en el caso de las creepypastas). De alguna manera, el fotógrafo logró rastrear el estudio donde se filmaba el viejo programa. Aunque el lugar parecía llevar abandonado muchos años, la infame puerta oxidada de su infancia seguía ahí. Luego descubrió que más allá de la puerta se encontraba una pequeña habitación que estaba cubierta de rastros de sangre, heces y restos de pequeños esqueletos (presuntamente niños). Lo que más le asustó de todo fue un micrófono en una caja que colgaba del techo justo a la mitad de la habitación.

El ojo de la cerradura

Estás leyendo en involucra a un hombre que se registró en un hotel por unas cuantas noches. Después de conseguir la llave de su habitación, la mujer en la recepción le advirtió que había una puerta sin número en el camino a su habitación. Ella le explicó que la habitación cerrada se utilizaba para almacenamiento y también le advirtió que no entrara a la habitación, que ni siquiera se atreviera a mirar dentro. El hombre, a pesar de estar intrigado, fue directo a su habitación sin hacer dos preguntas.

· · ·

Pero, para la segunda noche, la curiosidad pudo más que él. Intentó girar la perilla de la puerta, pero descubrió que estaba cerrada, justo como había dicho la mujer. Al no dejarse rendir fácilmente, el hombre prosiguió al mirar a través del agujero de la cerradura. Detrás de la puerta se veía como una habitación normal de hotel, exactamente como la suya. Sin embargo, en la esquina estaba parada una mujer muy pálida con la cabeza recostada contra la pared opuesta a la puerta. El hombre, confundido, regresó a su habitación.

Al tercer día, el hombre decidió mirar a través del ojo de la cerradura una vez más. En esta ocasión, todo lo que vio fue el color rojo, nada más, sólo una tonalidad constante y profunda de rojo. Quizás la mujer había sospechado que alguien la estaba espiando y había bloqueado el agujero con algo. El hombre decidió que le preguntaría a la mujer en la recepción. Ella suspiró y le preguntó al hombre si había mirado a través del agujero de la cerradura. Después de confirmar que lo había hecho, la mujer le explicó toda la historia. Muchos años atrás, dijo que ella, un hombre había asesinado a su esposa en esa habitación y su fantasma ahora la embrujaba.

Se decía que su fantasma era muy pálido, excepto por los ojos, los cuales eran rojos, inyectados en sangre.

. . .

El infame Jeff, el asesino

Este es un resumen de la historia de este infame joven asesino. Jeff era un joven niño que se mudó a una casa nueva. El día que se mudó, fue invitado a una fiesta de cumpleaños en el vecindario, por lo que decidió invitar a su hermano Liu para que fueran juntos. Cuando Jeff y su hermano estaban esperando en la parada del autobús, tres adolescentes los atacaron. Jeff derrotó a sus atacantes con éxito y los dejó en la calle con las muñecas rotas y heridas de cuchillo. Después de este acontecimiento, Jeff se dio cuenta de que disfrutaban infligir dolor en otras personas. Era una sensación que siempre llevaba dentro de él, pero parecía que sólo se volvía más fuerte cuando lo provocaban o se enojaba.

Una noche poco después del ataque, la mamá de Jeff se despertó al escuchar a alguien llorando en el baño. Cuando entró a la habitación, ella descubrió a Jeff tallando una sonrisa permanente en sus mejillas. También había logrado cortar sus párpados, para que nunca pudiera dormir. Al ver que su hijo se había vuelto loco, la madre corrió a la otra habitación para despertar a su esposo. Ella se quedó congelada cuando vio a Jeff parado en la puerta, un cuchillo agarrado firmemente en su mano. "Mami, has mentido", fue lo último que ellos escucharon.

Con sus padres ahora muertos, todo lo que quedaba era su hermano. Liu se había despertado cuando escuchó los ruidos apagados que venían del cuarto de sus padres. Cuando el niño no escuchó nada más, intentó volver a dormir, pero no se pudo deshacer de la sensación de que alguien lo miraba. Antes de que pudiera hacer algo, una mano cubría su boca y sintió un cuchillo entrar en su estómago. Liu intentó escapar del agarre de su hermano, pero ya era demasiado tarde. "Shhh", dijo Jeff. "Sólo duerme". Jeff nunca más fue devuelto a ver, pero la leyenda dice que Jeff sigue ahí afuera en el mundo, esperando.

La estatua del ángel

Esta historia comienza con una pareja que decidió salir una noche, por lo que llamaron a su niñera de siempre para cuidar a los niños. Cuando la niñera llegó, los niños ya estaban dormidos, por lo que decidió pasar el tiempo viendo la televisión.

Sin embargo, la única televisión en la casa que tenía cable estaba situada en la recámara de los padres, por lo que les llamó para ver si le daban permiso de entrar.

. . .

Los padres estuvieron de acuerdo, pero la niñera luego preguntó si podía cubrir la estatua del ángel que se encontraba en la recámara, ya que la hacía sentir nerviosa. Después de escuchar esto, el padre dudó un momento, luego le dio las instrucciones de sacar a los niños de la casa inmediatamente y llamar a la policía, puesto que no tenían una estatua de un ángel.

Cuando la policía llegó, la niñera y los niños fueron encontrados sin vida en un charco de sangre, y la estatua había desaparecido.

El estafador

"El estafador" es una terrible leyenda urbana del internet que fue publicada por primera vez en el 2009. Se trata de un video breve que supuestamente es tan perturbador que llegó a traumatizar a todas las personas que lo vieron. Se supone que esté en video mostraba escenas de niños muriendo, gritos de agonía y acercamientos a exorcismos y cadáveres.

Aunque algo como el estafador en verdad puede ser horripilante de ver, por suerte todo es una obra de ficción.

. . .

La persona que comenzó la leyenda admitió en el 2009 que las supuestas imágenes del video habían sido tomadas de la película "El pequeño Otik". Aunque la mayoría de las personas ahora saben que es un engaño, sigue siendo una buena historia de miedo para contar alrededor de la fogata. Algunos incluso han ido un poco más lejos y han recreado el vídeo por sí mismos para tratar de hacerlo pasar como el original.

Fundación SCP

La Fundación Seguridad, Contener y Proteger, también conocida como Fundación SCP, es una organización ficticia con un pasado oscuro, que apareció por primera vez en el 2007. La Fundación SCP que consiste en una gran cantidad de médicos, investigadores y agentes que tienen el objetivo de comprender y catalogar criaturas y objetos anormales, los cuales simplemente son conocidos como SCPs. La fundación anhela evitar que los SCPs caigan en las manos de otras personas y lleguen al mundo exterior. Para investigar a estas criaturas, la fundación realiza experimentos en prisioneros con pena de muerte.

SCP-173 fue la criatura que comenzó todo. Se describe como una criatura que parece una estatua con un rostro sanguinolento y extremidades pequeñas.

También se ha registrado que esta criatura no puede moverse si se le ve directamente, pero cuando el contacto visual desaparece, inmediatamente mata a su víctima rompiendo su cuello, por lo que tiene que ser observada constantemente.

Otro ejemplo es SCP-682, el cual se dice que es una criatura como reptil, indestructible y con gran adaptabilidad. Es una de las criaturas más populares en la wiki de SCP.

Pornografía normal para personas normales

Esta leyenda urbana comienza con la típica carta en cadena que insta a los lectores a visitar el sitio web "normalpornfornormalpeople.com", porque era para el "bien de la humanidad". Naturalmente, teniendo un título tan interesante, muchas personas decidieron revisarlo. Resultó que era un sitio web bastante básico con un muro de texto en la página principal. La única cosa que resaltaba de la página era el título: "Pornografía normal para personas normales, un sitio web dedicado a la erradicación de la sexualidad anormal". Aparte de eso, nada era particularmente interesante. Una vez que las personas visitaban el sitio web, la mayoría se iba después de ver que sólo eran un montón de palabras.

. . .

Sin embargo, aquellos que se quedaron lo suficiente descubrieron que muchas de las palabras en el texto aburrido eran enlaces para descargar varios vídeos perturbadores. Las personas sorprendidas luego se reunieron en los foros y compartieron su experiencia, así como también compartieron los videos.

Uno de los vídeos más tranquilos se llamaba "peanut.avi", el cual mostraba a un hombre, a una mujer y a un perro en la cocina. La mujer preparaba un sándwich de mantequilla de maní, el cual luego el hombre se lo entregaba al perro. Esto sucedía por media hora. Los videos rápidamente se volvían algo más horribles, con el video más raro siendo "jimbo.avi". En este video se ve a un mimo obeso haciendo su acto por cinco minutos. Era algo chistoso, cosas típicas de mimos, pero en los últimos 30 segundos, se le ve al hombre llorando en silencio con su disfraz y maquillaje todavía puestos.

"Stumps.avi" es un video de cinco minutos de un hombre sin piernas intentando hacer break dance en una cocina similar a la que se muestra en "peanut.avi", pero más sucia. El hombre colapsa de cansancio y suplica un poco de tiempo fuera del aire para descansar. La persona fuera de la toma se enoja y le grita al hombre que siga bailando, lo cual hace.

. . .

Cuando el video termina abruptamente, se puede escuchar a la persona fuera de escena gritando.

El video "privacy.avi" comienza con una mujer masturbándose en un colchón mientras el hombre sin piernas de "stumps.avi" se pasea alrededor caminando sobre sus manos utilizando una máscara como de duende. Lo que es peculiar en este video es que la puerta está abierta, mientras que lo demás está cerrado. Esto es relevante porque, casi al final del video, se puede ver a un animal corriendo por el pasillo.

Por último, "useless.avi" es un video de 18 minutos de puro terror. Una mujer rubia es atada y su boca es tapada con cinta adhesiva. Después de siete minutos de haber comenzado el video, un hombre en traje abre la puerta, pero no entra. En vez de eso, el animal que fue visto brevemente en "privacy.avi" entra. Se revela que es un chimpancé violentado, con el pelo rasurado y ha sido pintado de rojo. El hombre cierra la puerta luego de entrar el animal, dejando a la mujer atada sola con el chimpancé. El famélico chimpancé huele el aire, se da cuenta de la mujer e inmediatamente comienza a molerla a golpes. El ataque sigue por unos terribles siete minutos, hasta que eventualmente muere. El video termina con el chimpancé comiéndose el cadáver.

. . .

Venganza

En los primeros años de las colonias americanas, mucho antes de la guerra civil, había varias familias que vivían ahí. La hija del ministro se había enamorado perdidamente de un joven que vivía cerca, pero le rompieron el corazón cuando se descubrió que el joven había embarazado a una chica del pueblo. Poco después de que el bebé de la pareja naciera, la hija del ministro fue a su casa, ella le cortó la garganta a esas dos personas que hicieron su vida miserable y luego arrastró sus cuerpos, junto con el niño recién nacido Y los llevó a la iglesia sobre la colina.

Ella puso los cuerpos en la bodega del sótano y ahí dejó al bebé, entre los cuerpos, para que muriera de hambre.

Luego cerró la bodega y se colgó de un árbol frente a la iglesia. Los cuerpos no fueron encontrados sino hasta tres semanas después. A partir de ese día, ninguna hoja brota en ese árbol.

Si se camina por ese cementerio de noche, se puede escuchar el sonido espeluznante del llanto de un bebé.

. . .

Los niños saben

Todo niño tiene miedo de lo que puede aparecer debajo de su cama. Si no es así, teme a lo que puede salir del closet o tal vez a la pequeña abertura de la puerta casi cerrada. Los científicos saben que los niños son más perceptivos, pueden ver cosas que los adultos no ven.

Todavía no han sido condicionados para aceptar sólo lo que la sociedad quiere que acepten. Ellos ven lo que realmente está ahí. Ellos ven a los monstruos. Si tomaras prestados los ojos de un niño y pudieras ver a través de ellos durante una noche, te volverías loco. Ser capaz de ver aquello que sólo recuerdas vagamente, ocultándote debajo de las cobijas mientras usas una pijama de cochecitos, esperando que un dios que apenas comprendes evite que "eso" te esté mirando… Eso volvería loco a cualquier adulto. Porque los adultos olvidan las reglas.

1. Cúbrete. Si no lo puedes ver, eso no te puede ver a ti. Incluso si es más difícil respirar.
2. No hagas ruido. Cada sollozo puede llevar a la aniquilación.
3. No te muevas. Eso atrae su atención.
4. Sólo la luz puede hacer que se alejen. Las linternas lo empeoran. Los adolescentes están atrapados a la mitad. Todavía pueden sentir lo

que está ahí, pero no pueden ver... y olvidan las reglas... ¿Por qué crees que hay tantos adolescentes con insomnio escribiendo en sus computadoras, rezando inconscientemente que la luz de su pantalla sea suficiente para mantenerlos alejados?

2

Más leyendas

Candle Cove, Slenderman y Jeff el asesino son los clásicos. Pero hay creepypastas que dan más miedo. Una creepypasta es una historia de terror a la que se le ha añadido cosas, se ha copiado y pegado a lo largo de las plataformas en línea por muchos usuarios. En esencia, son historias orales que se han digitalizado, compartidas de forma orgánica por usuarios independientes en línea.

Como las leyendas urbanas, suelen cambiar de versión a versión, y es difícil determinar cuál fue primero.

"Channel Zero", una serie dramática del canal Syfy, adapta creepypastas a una narrativa más extensa, eligiendo de las muchas versiones de cada historia que aparece en línea.

Los primeros seis episodios de la serie se centran en "Candle Cove", y el resto de la temporada uno se enfoca en "La casa sin fin" ("The No-End House", es el título original).

Aunque ambas historias sin duda son escalofriantes, vamos a omitirlas de esta lista con el afán de investigar un poco más a fondo. Hablaremos de algunas de las creepypastas que, a pesar de no tener una adaptación a la televisión, merecen la pena.

Fundación SCP

En el 2007, un usuario publicó una imagen en 4chan y la describía como una estatua embrujada. De acuerdo con ese usuario, la estatua era parte de un Procedimiento de Contención Estándar (SCP, por sus siglas en inglés) promulgado por una fundación que estudia objetos inexplicables y peligrosos. La Fundación SCP creció por medio de muchas creepypastas que hay ahí; por todo el internet, las personas publicaron imágenes espeluznantes fuera de contexto y las llamaban documentos de la SCP, la cual estaba intentando descifrar cómo destruir o razonar con algunas de las criaturas y objetos en contención.

. . .

La Fundación SCP se volvía tan popular en las creepypastas que alguien hizo una wiki solamente para categorizar estos objetos de ficción.

El experimento ruso del sueño

Esta creepypasta se trata de las historias de los experimentos muy reales y perturbadores llevados a cabo por los nazis durante los años cuarenta, quienes utilizaban para los prisioneros como sujetos de experimentación. El experimento ficticio llevado a cabo por un grupo de científicos rusos, implican mantener a los prisioneros privados del sueño en una habitación central, donde se les mantenía despiertos constantemente con gas estimulante.

De acuerdo con la creepypasta, las etapas de la privación de sueño escalaron en severidad hasta que los prisioneros ya no parecían humanos, cambiaron de tal forma que parecían ser humanoides con dientes expuestos y ojos hundidos, sin pelo y muy espeluznantes. Una publicación de una creepypasta dice que los científicos anunciaron: "estamos abriendo la cámara para probar los micrófonos; aléjense de la puerta y recuéstense en el suelo o les vamos a disparar. Obedecer les va a proporcionar la libertad inmediata".

. . .

Para su sorpresa, escucharon una sola respuesta en una voz tranquila: "ya no queremos ser liberados".

Las actividades presenciadas entre los prisioneros incluyen: una huelga de hambre, canibalismo, removerse la piel de uno mismo, no querer dormir o no querer que lo sacaran de la cámara de pruebas, así como una adicción al estado en el que estaban despiertos.

El hombre de los sueños

La esencia de esta creepypasta se trata simplemente de un rostro, el cual se supone que se le ha aparecido en sueños a miles de personas en los últimos diez años. Las historias van desde testigos personales de sueños en los que aparecía ese hombre, el cual no parecía ser una presencia amenazante, sino que era un visitante neutral.

No queda muy claro si El hombre de los sueños técnicamente es una Creepypasta, ya que esta historia se creó con base en una colección de dibujos de las personas que dicen haberlo visto en sus sueños, y el término creepypasta suele referirse a un cuerpo de texto escrito por varios autores anónimos que trabajan en conjunto.

· · ·

Lo que hace que esta historia esté muy arriba en la lista es su persistente credibilidad. La página web ThisMan.org le da cierto peso al fenómeno y la página cataloga las situaciones en la que los soñadores han publicado anuncios en los que piden a otras personas una explicación, lo cual es especialmente cautivador.

Emily

Similar al género "episodios perdidos" dentro de las creepypastas, otro tema popular se trata de un usuario siendo contactado por un familiar o amigo fallecido por medio de las redes sociales. No queda muy claro de dónde surge la idea original, pero una publicación especialmente aterradora de este tipo fue publicada en Reddit en el 2014. Desde entonces se ha vuelto a muy popular en las tablas de clasificación del género /r/nosleep (sin sueño), un subreddit dedicado a ficción original de terror, aunque las reglas del subreddit declaran que todos los escritores y comentadores siguen el juego de que cada historia es "100% real".

Nate comienza a recibir mensajes de la cuenta de Facebook de su novia fallecida y, aunque al inicio asume que alguien trata de molestarlo, él comienza a preocuparse cuando los mensajes de Emily se vuelven más específicos.

Ella vuelve a mencionar detalles de conversaciones fuera de las redes y después de varias semanas de mensajes, ella le envía un mensaje que dice "hace mucho frío", lo cual, según cuenta Nate a su intrigada audiencia de Reddit, es su primera palabra "original".

Búsqueda y rescate

Las extrañas historias de un oficial de búsqueda y rescate fueron originalmente publicadas en /r/nosleep, y la continuación de cada historia solamente ha provocado que aumenten los lectores. La primera publicación de Búsqueda y rescate ocupa el primer lugar de la lista de /r/nosleep, tal vez porque los detalles de la historia se sienten muy originales.

Aunque hay muchas creepypastas escritas pretendiendo ser el oficial de búsqueda y rescate que trabaja en un gran bosque, la historia que cautivó a más lectores en línea es la historia de una casual escalera en el medio de un claro.

La versión definitiva en Reddit incluye los siguientes detalles:

. . .

No sé si sucede igual en cada unidad de ByR, pero, en la mía, es una cosa normal con la que nos encontramos y de la cual no solemos hablar. Puedes intentar preguntarle al respecto a otros oficiales de ByR, pero aunque sepan de lo que estás hablando, es probable que no te digan nada sobre eso. Nuestros superiores nos han dicho que no hablemos de eso y, en este punto, todos nos hemos acostumbrado tanto que ya no nos parece extraño. En casi todos los casos en los que nos adentramos mucho en lo salvaje, me refiero a unos 50-70 kilómetros, en algún punto nos encontramos con una escalera a la mitad del bosque. Es casi como si agarraras las escaleras de tu casa, las cortaras y las pusieras en el bosque. Pregunté sobre eso la primera vez que vi una de ellas, y el otro oficial me dijo que no me preocupara, que era algo normal. A todas las personas a las que les preguntaba me decían lo mismo. Yo quería revisarlas, pero me dijeron, con mucho énfasis, que nunca debía acercarme a ellas. Ahora suelo ignorarlas cuando las encuentro porque sucede con mucha frecuencia.

Muchas creepypastas fracasan en la misma cosa, debido a la forma en la que están escritas: incluyen muchos clichés, niños espeluznantes cantando, descripciones de gritos en la oscuridad, asesinos seriales con habilidades sobrehumanas.

. . .

Esto se debe a que el denominador menos común para un grupo de escritores en línea que no se conocen entre ellos suele ser algo que todos han visto en la ficción de terror. Ya que la historia original de Búsqueda y rescate establece el tono para las siguientes historias, esto hizo que fuera más fácil seguir con las creepypastas para añadir detalles que se sintieran relacionados con la extrañeza de las escaleras: estas imágenes no daban miedo por sí solas, sino que su falta de explicación era lo que se quedaba con el lector, incluso después de haberse desconectado.

El accidente del elevador

El año es 2007. Eddie, Jack y Moe acababan de bajar del autobús en su último día de segundo de preparatoria. Jack acababa de recibir su sueldo por rastrillar hojas secas, por lo que tenía la intención de tomar sus 200 dólares y comprar una cámara de visión nocturna, y con los 20 dólares que le quedaban tenía la intención de convencer a Eddie y a Moe.

J: Chicos, sé que ustedes ya habían dicho que no, pero escúchenme, les daré 25 dólares a cada uno para venir a investigar el hotel embrujado conmigo.

. . .

E: Hombre, estás loco.

M: Mierda, estoy dentro.

E: ¿Qué?

J: Genial.

M: Podría utilizar el dinero por simplemente ir a pararme en un lugar vacío.

E: Los dos son ridículos (gruñe). Estoy dentro y quiero ese dinero.

J: Yo me encargo, chicos. Va a ser genial.

Los tres chicos se reunieron fuera de la casa de Jack.

J: ¿Qué rayos es eso?

E: Hombre, son cervezas. Deberíamos hacer una fiesta y no esa maldita cosa que intentas hacer.

J: Sabes que puedo buscar a otra persona.

E: Adelante.

M: ¿Se podrían relajar, chicos? Es el primer día de verano, vayamos a ver esta cosa con la mente abierta y a pasarla bien.

J: Seh. ¿En qué carro vamos?

M: En el mío está bien.

Se dirigieron hacia el norte, hacia el hotel embrujado abandonado. Finalmente llegaron y entraron por la puerta principal. Todo estaba en silencio y se veía deteriorado. Miraron un poco y luego Jack encendió su cámara de visión nocturna. El sol acababa de ocultarse, estaba oscuro y era momento de investigar. Eddie encendió la luz de su teléfono.

J: Oye, eso interfiere con mi cámara.

E: Bueno, yo no puedo ver nada. Voy por acá.

M: No creo que debamos separarnos.

E: Tú puedes ir por ese lado en la oscuridad mientras reencuentro lugar donde sentarme y beber cerveza mientras gano 25 dólares.

M: Da igual.

Moe y Jack fueron por un camino, mientras que Eddie fue por otro. Eventualmente, Eddie vio una luz fluorescente cerca del hueco del elevador, se sentó en el piso y abrió una cerveza. Luego saca su teléfono y procede a publicar un tweet sobre el terrible rato que está pasando. De repente, escuchó pasos que se acercaban a él. Eddie alzó la vista. ¡Boom! Alguien lo golpeó con un tubo y Eddie cayó al suelo, desmayado. Un vagabundo estaba parado a su lado.

Vagabundo: Malditos y estúpidos matones, creen que pueden vandalizar cualquier lugar al que van.

El vagabundo recogió la cerveza y comenzó a beberla. Jack y Moe escucharon al vagabundo gritarle a su amigo.

M: ¿Crees que mató a Eddie?

J: No lo sé, pero debemos averiguarlo.

Se acercaron.

M: Yo voy a distraerlo, tú ve por Eddie.

Mientras Moe daba vuelta en la esquina, lo vio. Se quedó congelado en su lugar. Una aparición del cuerpo completo de una mujer apareció viendo al hombre vagabundo. Ella habló.

Aparición: Víctor. Debes detenerte.

. . .

Víctor, el vagabundo: ¿Detenerme? Este vándalo merece aprender una lección. Una lección que será para siempre.

Eddie se despertó y miró alrededor, intentando levantarse. Víctor lo observó con la intención de acabar con él.

E: ¡No, por favor, por favor!

Jack y Moe salieron dando vuelta a la esquina.

M: ¡No! ¡Detente!

J: ¡Corre, Eddie!

Víctor, el vagabundo, levantó el tubo para dar el golpe final cuando, de repente, la aparición de la mujer voló hacia Víctor. Eddie saltó hacia un lado, mientras ella agarraba a Víctor y ambos cayeron por el hueco del elevador.

Años después, los jóvenes, ahora hombres, suelen pensar en su primer día del verano de segundo de preparatoria y se preguntan por qué la mujer salvó a Eddie. Hasta el día de hoy, Eddie jura que se despierta y ahí está Víctor, el vagabundo, provocándolo.

Ojos rojos

Cierta noche, estaba en la mesa del comedor viendo hacia la ventana. Le estaba poniendo mermelada al pan, por lo que estaba viendo hacia abajo. Luego de eso escuche pasos que se acercaban a la ventana. Continué poniendo la mermelada y luego seguí con la mantequilla de maní.

Escuché que mi hija comenzaba a llorar, por lo que le di su chupón y volví a la cocina. Escuché el sonido de un piano que llegaba a través de los conductos de ventilación, pero nosotros no teníamos un piano. En ese momento, sabía que algo no estaba bien, por lo que fui a la habitación de mi hija, pero no pude encontrarla.

Ella estaba bajo la cama en dirección a la cabecera, justo en el medio. Cuando la levanté, ella tenía un olor realmente extraño, olía como a podrido. Inmediatamente llamé a mi mejor amigo, Chris, que también es un aprendiz de sacerdote católico, y le pedí que viniera. Apenas eran las 11:45 y en ese momento me hubiera venido bien una cerveza.

Finalmente llegó mi amigo y le di una cerveza. Él dijo que iba a bendecir la casa. Me levanté para poner a mi hija, Cici, a dormir en la sala donde pudiera verla. De repente se escuchó un estrépito.

"¿Chris?", pregunté al aire, esperando escuchar noticias de mi amigo.

Él salió de la habitación y me dijo, "tienen que irse ahora".

Cuando me giré para agarrar a mi hija, apareció un hombre parado a su lado en la sala. Era color amarillo, con orejas puntiagudas y ojos rojos, sus pupilas eran una línea, como los de un gato. Tenía dientes afilados, puntiagudos y aserrados. Mientras veía al hombre, él me sonrió y agarró a la niña. Esa fue la última vez que la vi.

Casa poseída

Mi nombre es James. En las últimas semanas de vida de mi madre, yo estaba seguro de que ella estaba poseída por demonios. Ella se convulsionaba repentinamente y sus ojos se volvían blancos. La noche en la que murió, algo se la llevó. No era un ángel el que se la llevó, para nada. Ella significaba mucho para mí y algo demoniaco se la llevó. Exijo saber qué era y devolverlo al infierno. Pero necesito ayuda, por eso estoy hablando contigo ahora, Joe.

Joe: Lamento escuchar sobre tu pérdida. Vamos a patear el trasero de esta cosa. Primero, necesitamos reunirnos y ponernos en contacto con mi amigo Chris, un exorcista de Wisconsin. Es conocido en todo el mundo por estar en un programa de historias de fantasmas y alienígenas. Creo que aceptará nuestro caso.

. . .

James: Genial.

Una semana después, Chris, el exorcista, se presentó en la casa de James cuando ya era de noche para hacer una investigación. Se acomodaron y comenzaron.

Chris: Los demonios son personas como tú y como yo. Pueden ser vistos y escuchados, pero que conste que no dije que no puedo verlos o escucharlos. No tienen un cuerpo físico, pero puedo verlos y escucharlos, como sucedería con una aparición. Lo que les intriga a ustedes es saber si tu madre fue poseída por una fuerza demoniaca o no, pero eso no te lo puedo decir, no hasta que yo mismo lo sepa bien.

Decidí que simplemente dormiría durante todo este proceso, por lo que me dirigí a mi habitación mientras ellos realizaban todo el procedimiento. Me quedé dormido y desperté por una terrible pesadilla. Miré alrededor de la habitación oscura. No podía creer lo que veía.

Un hombre pequeño de color verde brillante estaba parado en mi habitación y no me pude mover después de haberlo visto.

. . .

Chris abrió la puerta y arremetió contra él. El exorcista y esta clase de alienígena tenían una pelea paranormal, giraron en el piso por lo que se sintieron como unas cuantas horas. Finalmente, el exorcista logró ponerle una funda de almohada al pequeño alienígena.

Esa fue la gota que derramó el vaso. Le pagué 1200 dólares a Chris por tratar de ayudar. Hasta el día de hoy, todavía no sé lo que ocurrió con mi madre, pero tengo el presentimiento de que tuvo algo que ver con ese alienígena.

3

Historias reales

Ojos rojos 2

Primero que nada, cuando tenía cinco años en mi antigua casa, tenía una pijamada con mi hermana, quien tenía siete años, su mejor amiga y mi mejor amiga. Con los años, me han dicho que todavía recuerdan claramente la sensación de ser observadas y mirar por la ventana, cuando voltearon vieron unos ojos rojos brillantes sin rasgos distinguibles. Recuerdo que los ojos rojos eran grandes, luminosos sin reflejar la luz y se quedaban viendo.

No podíamos evitar devolver la mirada a pesar de lo extraño que era.

. . .

Luego, cuando tenía ocho años, mi amiga y yo, en una casa nueva, estábamos durmiendo en mi habitación sobre un colchón en el piso. Yo solía dormir con la puerta abierta. Nos dio un mal presentimiento y miramos hacia arriba. Y ahí estaba en la entrada. No dio un paso dentro, solamente se nos quedó viendo con esos terribles ojos. Las dos estábamos prácticamente congeladas. Unos quince segundos después, desapareció.

Unos cuantos meses antes de eso, ella también estuvo en mi habitación para ver esos ojos fuera de mi ventana en el patio de enfrente.

Lo extraño es que, después del encuentro en mi habitación, durante años no lo recordé, ni hablé de eso ni nada. Pero cuando tenía quince años, en la escuela, algunos amigos y yo estamos hablando de historias de miedo, yo conté la historia de ver los ojos rojos en mi ventana cuando era una niña y luego en la nueva casa, sólo podía dar unos pocos detalles, pero me acordaba.

Luego fui a visitar a mi antigua amiga de la escuela en las vacaciones. Estábamos hablando casualmente del tema y ella me dijo "¡¿No lo recuerdas en tu habitación?!".

. . .

A partir de eso, me esforcé por recordar que resurgió la imagen y la sensación sin que ella me lo dijera, por lo que pudimos reconstruir la historia pieza por pieza. Yo decía "fue desde la perspectiva de mi alacena, en el piso, viendo hacia la puerta", e incluso lo describía y congeniaba con la imagen en mi cabeza. Cuando describía cómo me sentí, todo lo que recuerdo del movimiento, sólo podía pensar en los ojos y cómo me sentía aterrada e inmóvil.

Mi amiga recordaba todo con perfecta claridad, pero sólo recordaba una imagen.

Hubo otras ocasiones, como cuando mi hermana contaba la ocasión en la que era joven y ella vio los ojos en el exterior y solía pensar que tal vez eran murciélagos o algo, porque los murciélagos tienen ojos rojos.

Pero en mi país, solamente tenemos murciélagos que comen fruta y eso es en el campo, además de que sus ojos no brillan.

Sí, son ojos rojos brillantes, con una zona oscura alrededor, no puedo recordar la forma y, aunque me sentía petrificada y aterrorizada, mi amiga sentía miedo en cada fibra de su ser.

Cara de cabra

Yo también vi a una cabra viéndome una vez. Han pasado ya muchos años, pues sucedió cuando era un niño. La que yo vi de hecho estaba en mi recámara. Todo lo que pude ver fue su rostro. Desde la altura de su cara debían de ser más de 1.50 metros a partir del piso. Me dio mucho miedo, aunque no hizo nada más que ver. Cuando le grité a mi mamá, desapareció. Yo era un cristiano devoto en ese entonces, por lo que tampoco era algo de lo que quisiera hablar o investigar.

Ouija

Una noche, me desperté por un gruñido muy ruidoso. Primero pensé que era el perro, por lo que fui a revisarlo, y descubrí que estaba dormido en su jaula. Así que lo olvidé y volví a dormir.

Un golpe. Era mi amiga en la puerta que había venido a verme. Su nombre era Rachel y estaba involucrada en la adoración del demonio. Así que le dije lo que había pasado. Ella dijo que lo sentía. "¿Por qué?", le pregunté.

. . .

Ella dijo que tal vez había abierto un portal. "¿Qué? ¡Entonces ciérralo!". Ella dijo, "Ok. La única forma en la que podamos hacer eso es si hago una sesión de ouija". Sin saber lo que me metía dije que sí.

Ella comenzó. Primero preguntó si había un fantasma con nosotros. Ella hizo que pusiera mi mano en el indicador, el cual se movió hacia "sí". Luego preguntó si era un hombre o una mujer y esperó. El indicador se movió hacia el seis y a la m de mujer. Empecé a sentir una vibra desagradable en la habitación, como si otra cosa aparte de nosotras estuviera en ese lugar. Le pregunté a Rachel si podíamos detenernos. Ella actuaba como si yo no estuviera ahí. Iba a levantarme, pero ella dijo que no me moviera. La voz salió de Rachel, pero sonaba como la voz de una niña. Estaba petrificada. Cuando me pude mover, salí corriendo de la casa.

Meses después, Rachel fue internada en un hospital mental.

Peligro

Esto sólo me ha ocurrido una vez, pero, desde entonces, tengo problemas para dormir.

Vivo en New Haven, Michigan. Sucedió una noche, hace como tres años, no puedo recordar la fecha exactamente. Me desperté a mitad de la noche y de lo primero que me di cuenta es que no me podía mover. Podía ver, podía parpadear y solamente eso. Antes de que cualquiera pregunte, estaba muy seguro de que no estaba soñando, porque cuando al día siguiente le pregunté a mi hermana (quien duerme en la habitación al lado de la mía), ella me dijo que durante la noche unos ruidos de perros gruñendo y ladrando la despertaron, lo cual le dio mucho miedo al pensar que alguien intentaba meterse a la casa.

Comencé a sentir un poco de pánico, pero luego sentí que algo estaba acariciando mi brazo, de forma similar a como una persona intenta acariciar a su gato. No me sentí en peligro o amenazado, pero sí me dio bastante miedo.

Esto siguió por un buen rato, y solamente se detuvo cuando mi perro entró a la habitación y comenzó a gruñir.

Tan pronto como gruñó, las caricias se detuvieron, y me di cuenta de que me podía mover otra vez.

· · ·

Esto sólo ha sucedido una vez, pero desde entonces, me despierto a mitad de la noche con la sensación de que alguien me observa. Mi perro evita mi recámara durante el día, pero entra a mi habitación y se duerme conmigo cada noche. Siempre se acuesta a mi lado, casi como si quisiera protegerme. En ocasiones cuando me despierto, también lo escuchó gruñir.

¿Alguna idea de lo que pueda ser esto o cómo me puedo deshacer de él? Se ha vuelto muy difícil llevar una vida normal porque algunas noches llegó a despertarme unas dos o tres veces por noche. También me gustaría saber si alguien me puede decir si le ha ocurrido algo similar y cómo resultado.

4

Imagina esto

Vincent V. Cava

Se reportan 90,000 personas desaparecidas cada año nada más en los Estados Unidos. Ese número es correcto. ¿No me crees? Puedes investigarlo. Solo unas 2,300 personas regresan a salvo a casa o son secuestradas por familiares. Lo último ocurre cuando la mamá o el papá huye de casa con los niños debido a una disputa doméstica o divorcio.

En lo que respecta a los adultos, una gran cantidad de los casos de personas perdidas suelen involucrar a quienes sufren de un consumo excesivo de alcohol o drogas.

. . .

Estos adictos tienen una tendencia a irse de juerga, desapareciendo para sus amigos y familiares durante días mientras llenan sus cuerpos de alcohol y de narcóticos ilegales. Una cantidad sorprendentemente alta de los reportes se trata de adultos mayores que sufren de demencia o de Alzheimer. Te sorprendería lo común que es que se alejen de sus cuidadores y se pierdan. Por lo general, la policía no tarda mucho tiempo en encontrar a los desorientados viejitos y llevarlos a casa o al asilo.

Considerando estos hechos, podemos ver que la cantidad de personas, tanto de niños, adultos, que son secuestrados por extraños en realidad es relativamente pequeña. Solo unas 150 desapariciones de este tipo se estima que ocurren anualmente en los Estados Unidos.

Ahora imagina esto.

Eras un artista, un pintor que se especializa en el impresionismo. Toda tu vida has amado el arte. Viste un gran libro que en la portada tenía una imagen de las *Bailarinas azules* de Edgar Degas cuando tenías doce años y no pudiste quitarle la vista de encima. Estabas hipnotizado por los colores, los trazos del pincel, la forma en la que las niñas de la pintura movían sus cuerpos.

. . .

Para ti, ni siquiera se veían como bailarinas, eran los valles de la gloria matutina balanceándose con una ligera brisa. En ese momento supiste que querías crear algo tan hermoso y encantador como esa imagen.

Estudiaste a los grandes pintores: Renoir, Degas, Cézanne y, por supuesto, a Monet. Cuando cumpliste quince años, comenzaste a tomar clases de arte en la escuela comunitaria local, pero nunca compartiste tus pasiones con nadie, ni siquiera con tus amigos y familia. Tenías miedo de lo que llegarán a decir. ¿Qué pasaría si se reían de ti?

¿Qué pasaría si te dijeran que tus pinturas son ridículas o feas? ¿Qué pasaría si te dijeran que no tienes talento o que nunca podrías llegar a crear tus propias *Bailarinas azules* algún día?

Por eso escondiste tu pasión de todas las personas desconocidas. Cada vez que terminabas una obra la tirabas a la basura porque tu arte en la basura era mejor que la posibilidad de escuchar que tus amigos se burlaran de ella.

Querías estudiar arte en la universidad, pero la sociedad te dijo que sólo los tontos hacían eso. En su lugar, decidiste una carrera de ingeniería.

Tus padres estaban felices. Te graduaste de la escuela y obtuviste un trabajo donde te sentaste en un cubículo y ganabas 55,000 dólares al año. Te pasabas todo el día pensando en que sería despertar cada mañana y no hacer nada más que pintar. Intentaste mantenerte al día con tus pinturas, pero nunca tenías tiempo. Tu jefe te pedía trabajar los fines de semana en cada oportunidad que tenía y, cuando tenías un segundo para ti mismo, estabas demasiado cansado como para hacer cualquier cosa que no fuera ver la televisión o navegar en internet. Comenzaste a odiarte a ti mismo por no tener carácter, por no perseguir la única cosa en la vida que te hacía sentir bien.

Caíste en la depresión.

Imagina esto.

Se estima que uno de cada diez adultos sufre de depresión. Eso significa que al menos hay 24 millones de personas en los Estados Unidos que se sienten perdidas, sin esperanza, que creen que el mundo estaría mejor sin ellas, y tú eras una de esas personas.

Utilizabas una máscara frente a tus amigos y familia. Esa parte era sencilla.

Habías estado escondiendo tu pasión de ellos toda tu vida; también podías esconder tu depresión. Nadie en el trabajo podía ver qué tanto te dolía, pero cuando llegabas a casa, te recostabas en la cama y llorabas. Pensaste en tomarte un bote completo de aspirinas, pero tenían miedo de lo que las personas dirían si sobrevivías. Te parabas en la orilla de la tina con un extremo del cinturón alrededor de tu cuello y el otro extremo atado en el tubo de metal de la cortina de la regadera mientras ponderadas las ventajas y las desventajas del suicidio. Pasaste horas navegando en internet, visitando foros, buscando una forma para salvarte a ti mismo. Incluso llegaste al punto de publicar preguntas de forma anónima, pidiendo ayuda.

Luego obtuviste un consejo que creíste que era el que estabas buscando, de Reddit entre todos los lugares posibles, el sitio web famoso por sus estúpidas imágenes de gatos y tergiversar la palabra *meme*. Llegó en la forma de un comentario en un hilo que habías hecho sobre sentirse con ganas de suicidarse. No viste el usuario de comentario; de hecho, estabas tan emocionado después de leer su consejo que cerraste la ventana del buscador antes de revisar de dónde vino. No importaba quiénes fueran en la vida real, de todas maneras; en lo que respecta a ti, esas palabras fueron mandadas directamente a ti de parte de tu ángel guardián, quien te observaba desde el cielo.

. . .

"Intenta encontrar una salida creativa", decía tu salvador del internet. "Yo comencé a pintar como un medio para canalizar mi depresión. Cada vez que me sentía mal, agarraba un pincel y me ponía a trabajar. Ayuda como una fantástica distracción".

Imagina esto.

Seguiste el consejo de tu ángel guardián y te dejaste llevar. Juraste no suicidarte, llamaste a tu mamá y papá para decirles que los amabas. La siguiente mañana, te despertaste y te dirigiste a la biblioteca, donde pasaste todo el día leyendo sobre tus artistas favoritos, los pintores que habías idolatrado toda tu vida. Por horas, viste fotografías de sus trabajos y te hicieron sentir joven una vez más.

Luego te encontraste un libro con la imagen de las *Bailarinas azules* y te encontraste maravillado, justo como la ocasión en la que tenías doce años. Fue en ese momento cuando decidiste renunciar a tu trabajo y seguir tus sueños.

Tu mamá y papá no estaban felices, pero lo entendieron cuando les contaste sobre tu depresión.

· · ·

Siempre pensaron que el arte era un pasatiempo menor y nunca antes habían visto una de tus pinturas terminadas. Requirió de toda la valentía que pudiste reunir para mostrarles una pieza que habías preparado para ellos. Era tu corazón, tus sueños, era una pieza de tu propia alma.

Resultó mejor de lo que esperabas. La pintura hizo que tu padre sonriera y que tu madre llorara un poco. Ya que no tenías trabajo, te dejaron mudarte de regreso a su casa y convertir tu habitación en un estudio hasta que pudieras descubrir cómo arreglártelas.

Ahora imagina esto.

Volviste al internet buscando consejo, sólo que esta vez no estabas buscando a alguien que te salvara. Querías consejos sobre la teoría del color y ayuda para aplicar la base al lienzo. Comenzaste a publicar imágenes de tu trabajo en varios foros mientras buscabas consejos, pero obtuviste mucho más de lo que esperabas. Comenzaste a recibir cumplidos, completos extraños te decían lo mucho que amaban tu arte.

Unas cuantas personas incluso te encargaron algunas obras.

Vendiste tu primera pintura por 300 dólares a una pareja recién casada en Minnesota, quienes dijeron que tu arte sería perfecto para su nueva casa. Era algo surreal.

Todo lo que siempre quisiste hacer era pintar y ahora las personas estaban pagándote por hacerlo. Abriste una tienda en línea, comenzaste un blog e incluso creaste un sitio web con enlaces a todas tus cuentas de redes sociales.

Comenzaste a acumular seguidores en Facebook y Twitter. Un par de tus pinturas fueron compartidas en blogs alrededor del internet unas miles de veces. Una revista entusiasta del arte incluso habló de una de tus pinturas.

No estaba en la portada, pero era un honor para ti estar en sus páginas.

Con el tiempo, ganaste el dinero suficiente como para mudarte de la casa de tus padres y tener un pequeño departamento para ti mismo. Ciertamente no eras rico, pero podías despertar cada día y no hacer nada más que pintar, justo lo que había soñado.

. . .

Una mañana abriste los ojos para ver una pintura de comisión a medio terminar que te observaba desde el otro lado de la habitación. Los rayos del sol de la mañana brillaban a través de tu ventana, cayendo en la pintura incompleta. Brillaba a la luz del día. Pensaste en lo perdido que estarías si no fuera por el ángel guardián en el internet que te convenció de pintar para alejar sus tristezas. Sonreíste para ti mismo, la primera vez en mucho tiempo que no era una sonrisa forzada porque sabías que finalmente eras feliz.

Pero imagina esto.

Cuando una persona comienza a recibir admiradores, también comienza a recibir críticas, personas que cuestionan cómo y por qué llegaste a dónde estás en tu carrera. Algunas personas sentían celos. Querían lo que tú tenías. Muchos de ellos eran artistas que no recibían ni de cerca la atención que tú recibías. Pensaste que su motivo era tonto. Después de todo, no es como si tus pinturas estuvieran en los museos alrededor del país.

Apenas lograbas sobrevivir, pero ellos no podían mantenerse con su arte, así que te odiaban.

. . .

Algunos de tus otros detractores ni siquiera eran artistas.

Eran personas envidiosas en el internet que no podían soportar a la otra persona feliz, por lo que hacían todo lo posible para hacerte sentir mal. Utilizaban el escudo del anonimato para mandarte mensajes a través de Twitter sólo para decirte cosas negativas. Te dijeron que tu trabajo era "basura", pero cuando decían que no solamente estaban insultando tus pinturas, te estaban insultando a ti. Recuerda, tu arte era un reflejo de tu corazón, de tus sueños, era un pedazo de tu alma, y estas pobres excusas de seres humanos, escondidas detrás de un usuario idiota, lo estaban ridiculizando.

Luego ocurrió algo extraño. Dejaste de escuchar los cumplidos y las alabanzas. Seguían ahí, pero era como si fueran un ruido de fondo, sofocadas y abogadas por la minoría que solamente quería verte fracasar.

Batallaste para probarte a ti mismo, para pintar algo que quisiera que incluso el más celoso de tus críticos cambiara de opinión sobre ti, pero entre más dedicabas tu corazón a tu trabajo, más horribles llegaban las palabras. Entre más cerca estarás de crear tu propia obra de *Bailarinas azules*, más odio y hostilidad te dedicaban.

. . .

Eso comenzó a consumirte. Era todo en lo que podías pensar.

Imagina esto.

Hackear no es tan difícil como las películas te hacen creer.

No necesitas ser un genio de las computadoras que pasa casi dieciocho horas al día en un sótano oscuro comiendo comida chatarra y bebiendo refrescos para aprender a hacerlo. Ni siquiera necesitas saber cómo superar los cortafuegos o deshabilitar un código. Todo lo que necesitas es paciencia. Paciencia y comprender que las personas, incluso los trolls anónimos del internet, llegan a volverse demasiado confiados y proporcionan su información personal sin pensarlo.

Ahora imagina esto.

Los envidiosos siguen atacando. Cada vez que publicas una imagen de tu trabajo o anuncias otra venta en Facebook, ahí están, brotando como úlceras o ronchas supurantes.

Un comentarista en particular realmente logró enervarte. Su usuario era Dark_Painter97 y cada comentario que hacía en tu blog de arte era grosero y malévolo.

"Sobrevalorado", te dijo, "poco original" y "sin inspiración" también. Podías ver el resentimiento manando de cada comentario que dejaba bajo sus publicaciones.

Ya estabas harto del ciberacoso. Parte de ti quería ver cómo se veía este guerrero del teclado en la vida real, así que, sin pensarlo, le diste click a su usuario. El enlace te llevó directamente a su página de perfil en su blog, pero no tenía ninguna imagen publicada. Sin embargo, una entrada en la sección de descripción captó tu atención.

Decía: Sígueme en Twitter @Dark_Painter97.

Revisa este su cuenta de Twitter para ver si este anónimo imbécil había publicado fotos de sí mismo. No lo había hecho y su imagen de perfil era algún estúpido personaje de caricaturas, pero si te diste cuenta de que estaba muy activo en su cuenta. Intercambiaba muchos tweets sobre chistes con un usuario en particular de forma frecuente, un adolescente cuyo usuario incluía su nombre real con una imagen muy clara de un rostro.

Parecían ser buenos amigos. Te diste cuenta que el "97" en Dark_Painter97 probablemente era una referencia al año en el que tu tormento había nacido. Tenía sentido. Se requiere cierta cantidad de inmadurez y tiempo libre para ciberacosar a alguien, y los niños adolescentes tienen mucho de ambas cosas. Realizaste una búsqueda en Facebook sobre el nombre de su amigo y lo encontraste con mucha facilidad. Su página de perfil tenía deshabilitada la función de privacidad, por lo que no fue difícil saber más.

Este adolescente solamente tenía alrededor de 125 amigos en Facebook, por lo que comenzaste a filtrar esta lista, buscando adolescentes que hubieran nacido en el año de 1997. Solamente te tomó una hora revisar en sus páginas de perfil hasta encontrar a alguien que parecía coincidir con lo que buscabas. Era un chico que encajaba con el perfil. Era una pequeña sabandija que parecía no haber visto la luz del día en toda su vida. Todo sobre su rostro te fastidiaba: desde su nariz de pico de pájaro hasta el par de lentes enormes y de camuflaje que utilizaba en su imagen de perfil. Tenías muchas ganas de deshacerle la sonrisa a golpes.

Luego miraste en su sección de información en su página y sentiste que lentamente comenzaba a hacerse más brillante el foco en tu cabeza.

Le gusta: Videojuegos, Manga y Pintar.

Coincidía con un elemento de la lista, pero gustar de la pintura automáticamente no lo hacía el culpable.

Cumpleaños: 26 de junio de 1997.

Otro elemento de la lista.

Y por supuesto…

Sigue mi blog de arte @Dark_Painter97

Jaque mate, perra.

Lo tenías. Ya sabías cómo se veía ese pequeño insufrible troll, donde vivía, e incluso sabías a que secundaria iba.

En solamente hora y media habías aprendido todo lo que podías saber sobre él. ¿Pero qué ibas a hacer con toda esa nueva información? De acuerdo con su página de Facebook, vivía en el estado de al lado. Eso era demasiado lejos como para ir a disuadir a alguien. Te dijiste a ti mismo que conducir a otro estado con el único propósito de gritarle a un niño idiota era algo muy loco, pero no podías evitarlo. Era como si alguien más se hubiera apoderado de tu cuerpo.

Antes de que te dieras cuenta, estabas ya en la interestatal, a medio camino de la ciudad del adolescente.

. . .

Te detuviste para comer una hamburguesa cuando llegaste a su condado y buscaste la información de sus padres con tu teléfono. Encontraste fácilmente su dirección.

Eran cerca de las 4:00 de la tarde cuando te estacionaste junto a su casa. De acuerdo con sus páginas de Facebook, su mamá y papá ambos trabajaban de 9 a 5, por lo que dedujiste que todavía no estaban en casa. Podías ver al pequeño mocoso a través de su ventana en su computadora, probablemente dejando otro asqueroso comentario en la última imagen que subiste a tu blog, eso o estaba viendo pornografía. Las cosas habían salido demasiado bien para ti. Habías llegado muy lejos como para no darle una lección, así que estacionaste tu auto en su entrada y tocaste a la puerta principal.

Podías notar que estaba confundido cuando abrió. No tenía idea de quién eras, lo que fue gracioso para ti. Si hubieras pasado tanto tiempo como él acosando a alguien en el internet, pensaste que al menos lo reconocerías si estuviera parado en tu puerta principal.

Abriste la boca para hablar, incluso lo apuntaste con un dedo acusador, pero su cara te hacía enojar tanto. Te bloqueaste.

Cuando recuperaste la razón, estabas parado sobre él en la entrada. Su mirada arrogante había desaparecido. En su lugar, parecía que una pelota de pintura le había explotado en la cara. Su nariz había sido hecha puré y su ojo izquierdo estaba cerrado por la hinchazón. Te sorprendiste contigo mismo. ¿Cómo había pasado? Ni siquiera eras una persona violenta. De hecho, nunca habías planeado hacerle daño físico al niño.

Miraste el reloj cucú en la pared; eran las 4:30. ¿A dónde se fue el tiempo? Quién sabe cuánto tiempo tenías hasta que sus padres llegaran a casa. Los cargos comenzaron a pasar en tu mente: asalto a un menor, traspaso. Quién sabe, hasta podrían decir intento de asesinato. Si te atrapaban, seguramente pasarías los siguientes quince años en la cárcel. Adiós a la carrera de arte. Luego pensaste en algo más. Si solamente te fueras, ese maldito mocoso podría ser capaz de incapacitarte una vez que volviera en sí. Así que entraste en pánico.

Echaste su cuerpo inconsciente sobre tu hombro y lo cargaste hasta tu carro. Tuviste la suerte de tu parte en ese momento, porque no había nadie cerca. Lo echaste en la cajuela y echaste reversa fuera de su entrada tan rápido como pudiste antes de acelerar para llegar a la carretera.

. . .

Solamente cerca de 150 personas son secuestradas por extraños en los Estados Unidos al año. Este niño era una de esas personas y estaba encerrado en tu cajuela.

Imagina esto.

Una de cada 15,000 personas es asesinada en los Estados Unidos cada año. ¿No suena como una cifra elevada? Pero es cierto. ¿No me crees? Investígalo: una de cada 15,000 personas. Calcula esas estadísticas a lo largo de un promedio de vida de 75 años y eso significa que hay 1 en 200 posibilidades de que alguien intente asesinarte.

Es algo aterrador en realidad. En comparación, las probabilidades de ser atropellado por un auto son solamente de 1 en 600, lo que significa que es tres veces más fácil que seas atacado por un maniático con un cuchillo o que te dispare una pareja resentida a que seas atropellado por un auto cuyo conductor estaba mandando un mensaje mientras aceleraba en una intersección.

Ahora imagina esto.

. . .

Lograste llegar de regreso a tu departamento con el niño. Era tarde, así que lograste subirlo a tu departamento sin que nadie lo notara gracias a la oscuridad de la noche.

Según tú, nadie te había visto. Estabas a salvo por el momento, pero te sentías mal del estómago por lo que había ocurrido. Recordaste la sensación de calidez que tuviste después de leer el consejo de tu ángel guardián y estabas muy seguro de que la mezcla de emociones que ahora sentías en tu interior era exactamente lo opuesto.

Te preguntaste qué tipo de consejo te hubiera dado en ese momento el ángel anónimo del internet. ¿Pero qué ibas a hacer? ¿Comenzar un hilo en Reddit sobre el tema?

"Hoy la cagué al atacar y secuestrar a un menor de edad".

El chico estaba sangrando de forma abundante por el pedazo de carne mutilada que colgaba de lo que solía ser su nariz. Lo colocaste en tu tina para prevenir que ensuciara todo el piso de tu departamento, mientras pensabas en cómo solucionar la situación.

. . .

Las lágrimas comenzaron a acumularse en tus ojos una vez que te diste cuenta de lo arruinado que estabas. No eras un criminal; eras un artista. Pero los artistas no golpean a sus críticos hasta dejarlos casi muertos.

"¡Lo siento!", le gritaste al niño, cuyo cuerpo, una pila de carne pulverizada, yacía inmóvil en tu tina. "Nunca fue mi intención que esto pasara".

Tenías miedo de que muriera en el baño antes de que pudieras reunir el coraje para llamar una ambulancia.

Sabías que habías cometido un terrible error y sabías que tenías que ponerte a la altura de la situación, pero tenías mucho miedo de terminar en la cárcel.

Entre tus sollozos escuchaste un gemido. Miraste entre tus manos para ver que el niño comenzaba a moverse. El ojo que no estaba cerrado por la hinchazón hizo contacto con tu mirada. Su esclerótica era tan roja como el interior de los músculos y podías darte cuenta de que le costaba trabajo concentrarse, pero te estaba mirando fijamente.

. . .

Los gemidos del adolescente se transformaron en algo que parecía un gorjeo, casi como si se estuviera ahogando con la sangre que se había ido hacia la parte de atrás de su garganta. Pero te diste cuenta de que no se estaba ahogando, se estaba riendo, haciendo que tus preocupaciones se volvieran confusas. El niño forzó unos cuantos gruñidos con la intención de decir algo, su voz silbando a través de los dientes rotos, pedazos rotos de hueso, que tú habías quebrado con tus puños.

"T-tú eres el maldito artista de mierda, ¿no es así?", gruñó él.

Su risa burbujeante comenzó otra vez y comprendiste que estaba dirigida a ti. Él había ganado. Con nada más que un modem de internet y una laptop él había logrado desbaratar tu carrera y él también lo sabía. Ivas a pasar el resto de tu vida en prisión. Con ese pensamiento, una tremenda ira inundó tu pecho. No merecías lo que esa pequeña mierda te había hecho. Todo lo que querías era hacer arte, pintar tus propias *Bailarinas azules*, y ese pomposo pedazo de basura te lo había arrebatado.

No hubo inconsciencia la segunda vez. Estabas completamente presente cuando acomodaste su cuerpo y comenzaste a golpear su rostro hasta hacerlo puré.

Con cada golpe podías sentir sus pómulos colapsando cada vez más bajo tus puños. Enterraste tus uñas en sus ojos como un animal rabioso, luego forzaste tus manos dentro de su boca y jalaste su mandíbula, sacándola de su lugar. Y cuando tus brazos se cansaron, te pusiste de pie y dejaste que tus botas tuvieran su turno con el cráneo del niño.

Imagina esto.

Se requieren 90 kilogramos de presión para aplastar el cráneo humano.

Para el momento en el que terminaste de desahogarte con el adolescente, su cabeza parecía un plato de puré rosa y morado. Una de cada 15,000 personas en los Estados Unidos es asesinada cada año y ahora el niño, cuyos sesos se estaban escurriendo por el drenaje de tu bañera, era la última víctima de estas estadísticas.

Te lavaste la sangre de tus manos en el lavabo e intentaste tranquilizarte un poco. Después de ver el cuerpo sin cabeza en tu bañera, te diste cuenta de que tenías miedo de ti mismo, pero no se debía a que acababas de asesinar a un adolescente a sangre fría.

Era la sensación de éxtasis que arrasaba con tu cuerpo lo que te preocupaba. Se sentía increíble, como si hubieras vivido una fantasía. No una sexual, aplastar el cráneo de un niño no te excitaba, pero era más que un poco de poder. El escuincle mierda se merecía todo lo que recibió, pero ahora tenías un nuevo problema en tus manos.

No se necesitaba una mente maestra criminal para saber que mantener el cuerpo del niño en tu bañera era mala idea, pero deshacerse de él no era tan fácil como tirarlo a la basura. Pero eras un artista, y los artistas tienen mentes creativas. Así que hiciste lo que hacen las mentes creativas. Te pusiste imaginativo.

Imagina esto.

En promedio, 75 personas son arrestadas en los Estados Unidos por tener sexo con los difuntos cada año.

Esto es especialmente preocupante considerando que hay cuatro estados, Louisiana, Kentucky, Oklahoma y Carolina del Norte, donde la necrofilia ni siquiera es ilegal.

. . .

De las 75 personas arrestadas por tener relaciones sexuales con los muertos al año, casi la mitad de ellas trabajan en funerarias. Dados estos hechos, uno puede asumir que una funeraria es un imán para necrófilos.

Tiene sentido cuando lo piensas. Después de todo, parece el trabajo soñado para alguien que se complace con ese tipo de fetiche.

Muchos psicólogos creen que sólo una pequeña parte de estas personas en verdad tiene una atracción sexual con los cadáveres. La mayoría se involucra en la necrofilia debido a la ansiedad social. Es el miedo al rechazo o la incapacidad del cuerpo para desempeñarse sexualmente bajo presión lo que hace que las personas tomen este camino. Los cadáveres no se pueden reír del tamaño de tu pene o poner los ojos en blanco si no pues pararlo, así que las personas encuentran confort y seguridad en los muertos. Esa es la razón por la cual la gran cantidad del 94% de los necrófilos son hombres.

Al igual que con cualquier fetiche sexual, la necrofilia tiene su propia comunidad oscura en el internet. Si uno busca lo suficiente, será capaz de encontrar foros en los que usuarios anónimos comparten fotografías y cuentan historias de sus últimas conquistas sexuales.

Bueno, digo de forma anónima, pero, como ya he explicado antes, cuando se trata del internet, las personas tienen la tendencia de sentirse muy cómodas y proporcionan información personal sin pensarlo.

Así que imagina esto.

Abres tu computadora e investigas un poco. Google es magia; en unos cuantos minutos estás navegando en los foros llenos de raritos amantes de los cadáveres. Una hora o dos de búsqueda y te encuentras con un hilo que despierta tu interés. En un tema secundario, en un comentario lanzado al aire, uno de los pervertidos dice que suele visitar la pizzería que está a no más de 8 kilómetros de tu departamento antes de involucrarse en sus mórbidas escapadas sexuales.

Después de revisar su historial de comentarios, viste que suele presumir sobre que su trabajo le proporciona un sinfín de lo que llama "muñecas reales de amor". Resulta que era un trabajador en una funeraria y que disfrutaba pasar tiempo a solas con los cuerpos que se supone debía dejar presentables.

. . .

Creaste una cuenta y le mandas tu mensaje, diciendo ser una adolescente de 19 años a la que realmente le gustaba ver a los hombres tener sexo con cadáveres. Cuando pidió verificación, buscaste algunas fotografías de la amiga de tu hermana menor y se las mandaste. Las personas son crédulas cuando quieren creer algo y este hombre de verdad quería creer que una chica bonita está interesada en los pervertidos que tienen sexo con cadáveres.

Él te mandó una fotografía de su rostro. Cuando realizaste una búsqueda inversa de la imagen, te llevó a su página de Facebook. El idiota incluso te había mandado su imagen de perfil. Su página de Facebook en verdad confirmaba que trabajaba en una funeraria e incluso ponía el nombre del lugar en el que trabajaba. Sonreíste para ti mismo cuando, después de buscar el lugar, leíste que tenía un crematorio. Sin embargo, había algo más que descubriste sobre este hombre cuando estabas investigando su información, algo que pensaste que sería muy útil. En pervertido también tenía una familia, una esposa y un hijo de 11 años.

Convenciste al funerario a lo largo de la noche, alentándolo a que te dijera sobre las asquerosas cosas que hacía a los cadáveres recién llegados. Él dijo que quería cada sexo contigo sobre ellos. Resulta que era uno de los pocos necrófilos que no tenía miedo al desempeño.

Este psicópata realmente sentía atracción a los cuerpos muertos. Le dijiste todas las cosas asquerosas que sabías que quería escuchar. Cuando le pediste una fotografía de su pene, él estuvo feliz de acceder. La imagen que te mando era un desnudo del cuerpo completo con su pene erecto y el rostro claramente visible.

Los dos hicieron planes para conocerse en la funeraria después de que cerrara para un pequeño trío con una modelo de 24 años que recientemente había fallecido de una sobredosis de cocaína. Por alguna razón, él siempre parecía muy emocionado de decirte cómo habían fallecido sus "muñecas reales de amor". Asumiste que era parte de su fetiche.

Te presentaste en la funeraria la siguiente tarde con un folder manila lleno de evidencia. Él se quebró y comenzó a llorar cuando le explicaste que había sido engañado. Le presentaste las fotografías que te había mandado y le explicaste que tenías guardadas y respaldadas capturas de pantalla de la conversación de la noche anterior. El funerario te suplicó que no se las mostraras a su esposa. Al parecer, ella lo había descubierto una vez sobre una chica de 17 años que había fallecido en un accidente automovilístico.

. . .

Su esposa estaba embarazada en esa ocasión y solamente se quedó con el hombre por el bien del bebé, pero le informó que si descubría que lo volvía a hacer, llamaría a los policías y le quitarían a su hijo para siempre. Él intentó hacer que te fueras al hacer un cheque, pero rechazaste el soborno. No habías ido por dinero.

Le explicaste que necesitabas que te ayudara a hacer desaparecer un cuerpo. El plan era sencillo. La funeraria tenía un crematorio y solamente necesitabas que te permitieran entrar. El hombre accedió a ayudarte a regañadientes a cambio de que mantuvieras su asqueroso secreto, así que los dos se dirigieron a tu carro y sacaron de la cajuela la enorme bolsa que contenía el cadáver de Dark_Painter97. Lo llevaron dentro, pero cuando le pediste al funerario que te dijera dónde estaba en el horno, él sacudió su mano.

"Yo me encargo", te dijo.

La miraste con sospecha y le informaste que si estaba planeando avisarle a la policía, la evidencia estaría en el correo de su esposa al día siguiente.

"No te preocupes", dijo. "Estás a salvo. El niño será cenizas para el final de la noche".

Él te preguntó cómo había muerto el adolescente, así que le contaste tu historia.

. . .

"Wow, me llegan asesinatos de vez en cuando, pero esto suena especialmente brutal", contestó después de escuchar tu penosa historia.

Cuando terminaron, le agradeciste su ayuda y te dirigiste a la puerta.

"No, gracias a ti", dijo.

Su comentario te dejó confundido. No fue sino hasta después de que prendieras tu carro y que salieras del estacionamiento que te diste cuenta de por qué el funerario te estaba mostrando apreciación. Le acababas de entregar un nuevo juguete, una "muñeca real de amor", e iba a divertirse un poco antes de mandarlo al incinerador.

Imagina esto.

Casi el 85% de la población del país tiene acceso al internet. Eso significa que aproximadamente 270 millones de personas en los Estados Unidos solamente están conectadas a la red mundial. De esos 270 millones, poco más de la mitad tienen perfiles en plataformas de redes sociales activas, lo que hace que el número de personas utilizando Twitter, Facebook, Snapchat, Tinder y otras aplicaciones del estilo llegan a una cantidad de 135 millones.

. . .

Tú eras una de esas 135 millones de personas. Así que, ¿qué haces después de salirte con la tuya en un asesinato?

Esperas que las redes sociales te ayuden a olvidarte de lo que sucedió esos últimos días. El problema era que las imágenes del cráneo pulverizado de Dark_Painter97 seguían apareciendo en tu cabeza. Y lo que es peor, no podías evitar imaginar lo que probablemente estaba haciendo el pervertido funerario con el cadáver sin cabeza que le habías llevado.

Tus pensamientos regresaban al ángel guardián. No habías vuelto a revisar tu antiguo hilo del suicidio desde que el héroe anónimo del internet te había rescatado de la depresión. No había sido necesario. Hasta hace unas cuantas horas, creías que era relativamente feliz. Pero el día había sido traumático, por lo que decidiste revisar y checar si tu superhéroe del ciberespacio todavía seguía por ahí, buscando almas perdidas para salvar.

Tardaste un poco en recordar tu contraseña, pero cuando accediste comenzaste a navegar en el sitio, buscando en el conocido foro. Te dolió más de lo que creías volver a leer la publicación. Te recordaba lo oscuro que te parecía el mundo en ese entonces.

. . .

Seguiste bajando, buscando a tu ángel guardián, la única persona en el mundo que parecía comprenderte.

El comentario seguía ahí, así que comenzaste a leerlo, esperando que una vez más que fueras capaz de encontrar algo útil en el consejo que alguna vez había salvado tu vida, pero te detuviste a la mitad. Habías visto algo que te hizo sentir el corazón en la garganta porque era la primera vez que habías leído el usuario de tu ángel guardián.

Dark_Painter97

Te tallaste los ojos y volviste a ver sólo para asegurarte de que no era una alucinación, pero el texto en tu pantalla no había cambiado. Llegaste a una revelación que te hizo sentir enfermo físicamente.

Aproximadamente 135 millones de estadounidenses estaban activos en las redes sociales y habías asesinado al único que te había proporcionado una razón para despertarte en las mañanas.

. . .

Era completamente ridículo. ¿Cómo podía ser que un ser humano fuera tan simpatético y comprensivo un día para luego ser un mocoso molesto al siguiente? Era como una pesadilla. Sentías que la cordura en tu mente estaba batallando. Parte de ti quería reírse con la ironía de la situación. La otra parte quería llorar. Terminaste pasando toda la tarde viendo tu pintura sin terminar recargada en la pared de tu departamento, sin siquiera ser capaz de recordar para quién estabas pintando. ¿Acaso importaba?

Era como si todo el maldito mundo te hubiera mentido.

No fue sino hasta la mañana siguiente que comenzaste a caer en la cuenta de la realidad. Tal vez el sol te ayudó a disipar la niebla que había estado abrumando tu cerebro desde la revelación, pero sin importar la razón ya no te sentías desamparado, te diste cuenta que todo este tiempo habías estado utilizando a tu ángel guardián como un bastón, apoyándote en sus palabras de sabiduría cuando sentías que no podías ponerte de pie. Por desgracia, resultó que habías estado adorando a un ídolo falso. En la realidad, tu campeón todo este tiempo había sido una farsa, sólo un fanático celoso cuya única preocupación era verte fracasar. La peor parte era que sabías que Dark_Painter97 solo era la punta del iceberg. Tenías otros críticos. Algunos peores y se merecían todo lo que les pasaba, quizás incluso más.

La extraña sensación de éxtasis volvió una vez más, sólo que esta vez no te hizo sentir con miedo. Te hizo sentir imparable.

Imagina esto.

Todas las avalanchas comienzan con un solo copo de nieve. Imagina esto por un segundo. Es algo muy loco, pero es completamente real. El hecho de que una fuerza tan letal y peligrosa pueda surgir de algo tan inocente e indefenso es algo sorprendente.

Cuando comenzaste a revisar por primera vez la cuenta de Twitter de ese molesto troll del internet, no pudiste haber imaginado lo que pasaría. No había forma de predecir que solamente unas horas después estarías entregando su cuerpo sin cabeza a un funerario con un fetiche por los muertos. Tampoco había forma de anticipar los otros asesinatos a los que llevaría, pero después de descubrir que habías asesinado a tu ángel guardián, sentiste que no tenía sentido simplemente ignorar al resto de tus críticos.

Así que lo buscaste y los hiciste pagar por cada comentario hiriente que alguna vez te mandaron.

Comenzaste con aquellos que vivían a un día de distancia en coche. Como un depredador cazando a su presa, los acechabas esperando tranquilamente a que llegara el momento perfecto para atacar. Sus muertes solían ser agonizantes. Que aseguraste de que cada una de tus víctimas sufriera dolorosamente. El funerario estaba en la palma de tu mano. Todavía tenías la habilidad para chantajearlo. El fingía frustración con el predicamento, pero ambos sabían que él estaba feliz con el acuerdo. Después de la tercera o cuarta "muñeca de amor" que le llevaste, él comenzó a hacer pedidos.

"Realmente apreciaría si el siguiente que trajeras no tuviera dientes", te decía. "¿Quizás podrías conseguirme a alguien que tenga un defecto genético de nacimiento?".

Tu consentías su extraño fetiche. Después de todo, no importaba lo que sucediera con los cuerpos que le llevabas, siempre y cuando fuera una pila de cenizas a la mañana siguiente. El funerario tenía una red de personas como él, personas que tenían sexo duro con cadáveres en todo el país. Muchos de ellos también trabajaban en casas funerarias y tenían acceso a sus propios crematorios. Las cosas probablemente comenzaron a salirse de control cuando te descubriste yendo de vacaciones para aniquilar a otro crítico.

. . .

La pintura se había vuelto algo secundario para ti. Ya no te emocionaba como lo hacía el asesinato. Solamente seguías pintando y publicando fotografías en el internet como una forma para encontrar más personas para asesinar. Ya no anhelabas la perfección en tu arte. Las *Bailarinas azules* ahora estaban más lejos que nunca.

Comenzaste a cometer errores a propósito para atraer más opiniones negativas. Después de un tiempo, ni siquiera te preocupaba si las personas que cazabas ofrecían crítica constructiva o no. Nadie estaba a salvo.

Pero incluso las avalanchas finalmente llegan al final de la montaña.

Un día, un detective apareció en tu departamento y comenzó a hacer preguntas. Estaba intentando conectar la desaparición de dos personas que habías asesinado.

Podías notar en su mirada que todavía no te consideraba un sospechoso, pero sabías que era inteligente. Sólo era cuestión de tiempo antes de que armara el rompecabezas y se diera cuenta de lo que hiciste.

. . .

Así que imagina esto.

Guardaste todas tus pertenencias, vaciaste tu cuenta bancaria y te fuiste de la ciudad esa noche. No querías podrirte en la prisión, así que te mudaste al otro lado del país y cambiaste tu nombre. Otro corte de cabello y un par de pupilentes de color comenzaste una nueva vida.

En unos cuantos días, leíste algo sobre ti en las noticias, un prometedor pintor que repentinamente desapareció sin dejar rastro. 90,000 personas son reportadas pérdidas cada año y ahora eras una de ellas. Un par de días después de eso eras el sospechoso principal por la muerte de las dos personas sobre las que te había preguntado el detective. Pero los policías nunca iban a encontrarte. Eras demasiado listo para ellos.

Pero había un problema. Todavía había personas que debían morir. Pasar desapercibido por el resto de tu vida no era una opción, pero sabías que la policía estaría buscando a un pintor, así que escogiste un nuevo tipo de arte, uno que seguro atraería a suficientes críticos, la escritura.

. . .

Considerando tus motivos actuales, pensaste que el género de terror era apropiado para ti. Creaste nuevas cuentas de redes sociales con tu nombre falso e incluso usaste fotografías de un chico que fue tu compañero en la secundaria, quien había muerto en un accidente de motocicleta, para tu imagen de perfil. Las personas parecían disfrutar de tus historias publicadas en internet y después de un tiempo te volviste popular. Tus historias se leían en los foros, se traducían a otros idiomas y algunas incluso se publicaban en colecciones de cuentos cortos.

Ahora que tu trabajo se había vuelto conocido, comenzaste a hacer pequeñas cosas que sabías que fomentarían la crítica. Utilizabas oraciones largas y a propósito cometías errores gramaticales con la esperanza de que alguien intentara corregirte. De vez en cuando, incluso escribías historias con un narrador en segunda persona, sabiendo que sería algo debatible entre los lectores.

Te mantuviste en contacto con el funerario y su red de trabajadores pervertidos. Tu trampa había quedado establecida y todo lo que tenías que hacer era esperar a que los críticos llegaran, quienes no podían resistir despedazar tu trabajo, y así llegaron. Como una polilla a la luz, las personas se veían atraídas por los errores que habías insertado en tu escritura.

. . .

Los señalaban bajo el velo del anonimato, pero las máscaras que utilizaban eran tan frágiles como el papel maché.

Ya no existe la privacidad, nadie se mantiene realmente anónimo. Si alguien quiere investigar lo suficiente, puedes saber mucho sobre ti, como quiénes son tus amigos cercanos y queridos.

Verás, déjame preguntarte algo. Algo de lo que estoy seguro que muchos de ustedes se van a reír cuando se den cuenta de quién trata esta historia, pero una pregunta que serías inteligente de tomar en serio la próxima vez que publiques en el internet.

¿Ya te lo estás imaginando?

5

Chiquitita

Max Lobdell

Los médicos me pidieron que contará mi historia para que otras chicas pudieran leer sobre eso y aprender de mis errores, ya que pronto estaré muerta. Cuando lo pienso, eso me hace sentir muy triste. No quiero que otras chicas estén enfermas como yo. Supongo que no estarán enfermas exactamente como yo, porque eso sería muy loco, pero quizás pueda leer esto y evitar tomar malas decisiones.

Cuando era pequeña, mamá solía sostenerme y decir cosas como, "¡Oh, Katie, cabes perfectamente en mi regazo! ¡Eres tan chiquitita!". Me encantaba. Ella me mantenía cálida y me abrazaba, me sentía genial.

Siempre acudo a mi mamá sí me siento triste o sí tengo miedo, y ella solamente me acunaba y me decía, "¿Qué pasa, mi niña chiquitita?", y yo le decía lo que me pasaba y ella siempre, siempre, siempre me hacía sentir mejor.

El recuerdo más vívido que tengo fue el día en el que cumplí diez años. No era mi fiesta, la que la recuerda más o menos grande, no eran los regalos, algunos de los que todavía conservo, si no que fue cuando mi mamá me tenía en su regazo esa noche, tenía lágrimas en los ojos y le decía a mi papá "Katie se volverá una niña grande, ¿eh?". No recuerdo lo que dijo mi papá, pero no había forma de negarlo: ya no era su niña chiquitita.

A los diez años de edad, pesaba unos 45 kg y medía metro y medio. Estaba creciendo rápidamente. Mis padres eran altos. Recuerda tener miedo. La marca en la pared seguía subiendo, y para cuando tenía once años, medía casi 1.60 metros, pesaba 54 kg y comenzaba a tener pechos. En ese punto, cuando me sentía triste, mi mamá me abrazaba y decía las cosas indicadas, pero se sentía diferente. Ya no me acunaba. Nunca me tenía en su regazo. Me sentía sola y con frío aun cuando nunca estuve realmente sola o con frío. Solamente quería estar cerca de ella como cuando era pequeña. Así que decidí hacerme pequeña otra vez.

. . .

Mamá comenzó a darse cuenta cuando dejaba la comida en el plato, tratando de hacer un montón a un lado y aparentar que había comido más de lo que realmente dice. "Eres una niña en crecimiento", me decía amablemente, pero con firmeza. "Necesitas comer". No podía dejar la mesa hasta que hubiera terminado.

Esa noche, después de la cena, recuerdo estar recostada de espaldas en la cama, viendo el techo y sintiendo la comida en mi estómago. Las palabras de mi mamá hacían eco en mi mente y me sentía tan enferma que corría al baño y vomité. Estaba muy feliz de tener mi propio baño para que no pudieran escuchar me vomitar.

Cuando terminé, me sentía mejor. Más ligera y pequeña, incluso.

Mamá estaba muy feliz de verme comer de forma normal otra vez. Ella se preocupaba de que me diera gripe, así que verme comer como antes alejaba esas preocupaciones de su mente. Lo que no veía era cuando me iba a la cama después y, mientras se llenaba la bañera, vomitaba todo.

Hice esto todos los días por años.

. . .

Una de las tristes verdades sobre vomitar tu comida es que no pierdes mucho peso. De hecho, subí de peso. Sí, seguro, te deshaces de lo que comes, pero probablemente dos veces a la semana me recostaba en la cama, completamente despierta, tocando mis clavículas, las caderas y las costillas, obsesionándome con la comida. Algo dentro de mí se quebraba y corría al refrigerador o a la alacena y comía hasta sentir que reventaba. Luego, exhausta, volvía a mi cuarto y me desmayaba. Caloría por caloría, después de esos atracones dos veces por semana, estaba comiendo más de lo que haría si estuvieras saludable. Excepto que, de verdad, realmente no estaba saludable. Y nadie lo sabía.

Todo esto se acumuló hasta los últimos meses antes de mi graduación de preparatoria. Medía 1.80 metros, pesaba 80 kilos, tenía 17 años. No había nada que odiara más que mi propio cuerpo. Constantemente estaba sola y quería no pensar en nada. Decidí conseguir un trabajo.

Cuando le dije a mi mamá que encontré un puesto en un lugar que reciclaba antiguo material médico, ella estaba muy orgullosa de mí por tomar la iniciativa. Fue algo agridulce; yo sabía que ella comenzaba a verme como un adulto. No como su niña chiquitita. Me sentía como un completo fracaso.

. . .

El lugar de reciclaje donde trabajaba desmantelaba grandes máquinas que usaban en los hospitales y vendía las partes. Yo era la recepcionista. Recibía llamadas telefónicas y ayudaba a organizar las entregas. Las personas con las que trabajaba eran muy amables y después de unas semanas me dieron la llave para que pudiera llegar temprano, tener el café listo y tener preparadas las órdenes de trabajo. Una noche, después de que todo el mundo se fue, volví al trabajo y entré. Todavía me siento mal por haber traicionado su confianza.

Un par de días antes, mis compañeros de trabajo habían traído una vieja máquina. Todos estaban utilizando unos grandes guantes y tenían un equipo de respiración que los hacía verse como buzos. Cuando terminaron, les pregunté qué era. Aparentemente, era algo que los hospitales utilizaban para dar terapia de radiación a los pacientes con cáncer. No sabía mucho al respecto, así que cuando llegué a casa hice una exhaustiva investigación y se me ocurrió una idea.

Cuando entré esa noche, el lugar estaba vacío. Hice una línea recta donde estaba la máquina de radioterapia y la investigué. La mayoría había sido desarmada. Lo que estaba observando estaba convenientemente etiquetado y marcado de forma llamativa, era un contenedor masivo de plomo.

Me tomó un rato quitarle la cubierta, el plomo es tan pesado. Pero después de hacerlo, vi una parte redonda de metal que parecía una rueda. La agarré, giré el mecanismo y se abrió una pequeña ventana al frente. Una pequeña luz azul estaba dentro. La sostuve a nivel de mis ojos y miré hacia adentro. No había nada más que la luz. Pensé que probablemente eso era lo que buscaba.

Me llevé el objeto a casa y cerré la puerta de mi recámara. Me esforcé por abrir esa cosa con un desarmador, pero parecía estar cerrado desde el interior. Eventualmente me frustré y giré la rueda otra vez para abrir la ventana y empujé el desarmador dentro de la cosa azul, tratando de sacarlo. Resultó que era bastante suave.

Mucho se rompió mientras lo picaba con el desarmador, y cuando giré la rueda al revés, las piezas cayeron en mi escritorio. Ahora podía ver lo bonito que era. Eran pedazos de una masa y arena azul brillante. Lo junté lo mejor que pude y lo guardé, excepto por un pequeño montoncito que utilizaría esa noche.

Una de las cosas que leí sobre la radioterapia era que hacía adelgazar mucho a las pobres personas con cáncer. Perdían su apetito por completo. No podía creer que fuera cierto. Siempre tenía tanta hambre.

Me seguía diciendo a mí misma que debía tener mucho cuidado cuando tomara esta cosa porque si me exponía a demasiada radiación yo misma podía enfermar de cáncer. Tomé una pizca de la masilla azul, la puse en mi boca y la tragué con un poco de agua. Se sintió cálido mientras lo tragaba, a pesar de que el agua estaba fría. De hecho, desde que llegué a casa de la planta de reciclaje me sentía muy tibia. Cálida. Como un cachorro bajo una cobija.

Esa noche me desperté sudando más de lo que alguna vez había sudado en mi vida. La cama estaba totalmente empapada. Asqueroso. El peso del agua no era realmente lo que quería perder, pero era mejor que nada. Me bañé, cambié las sábanas y volví a la cama. Mi estómago dolía un poco.

Cuando me desperté a la mañana siguiente, mi estómago dolía y vomité un par de veces. Pero no tenía nada de hambre. Ese único hecho hizo que mi dolor de panza desapareciera casi por completo. ¡No necesitaba comer!

Mamá me preguntó si llevaría sobras de la cena de anoche al trabajo y le mentí diciendo que íbamos a comer pizza. Odiaba mentirle a mamá, pero no quería que se preocupara.

No había necesidad de decirle que no tenía hambre. En el trabajo, terminaron de desmontar la máquina y comenzaron a enviar las piezas a donde sea que las mandaran. Tuve mucho cuidado de poner el frasco exactamente igual a como estaba. Nadie revisó si la pequeña rueda todavía seguía ahí.

Los siguientes días ocurrieron sin que nada pasara, además de mi dolor de estómago que se hacía peor y tener que vomitar una o dos veces. Casi no había comido nada desde que comencé a tomar la medicina de radiación. Cuando sentía mareos por la falta de alimento, comía una manzana o un yogur bajo en grasas y estaba bien. Todavía sudaba mucho. Cuando me pesé, la báscula decía 76 kilogramos.

Después de una semana de comer casi nada y de tomar religiosamente mi medicina de radiación por las noches, mi estómago se puso muy, muy mal. Dejé de vomitar, pero esta vez sentí que necesitaba ir al baño. Fue horrible.

Salió demasiado, estaba sorprendida. Aparentemente había comido y retenido más de lo que esperaba. No obstante, después de eso me pesé y eso me ayudó a sentirme mucho mejor. 73 kilogramos.

. . .

A lo largo de los siguientes días, una o dos personas me dijeron lo bonita que me veía. Me preguntaron si había perdido peso y dije que sí, quizás un par de kilos. Estaba en la gloria. Toda mi adolescencia no había hecho nada más que hacerme más grande. Ahora, finalmente, me estaba encogiendo y estaba en el proceso de hacerme chiquitita. Aunque tampoco me sentía muy bien. Mi estómago me hacía correr al baño constantemente y todavía dolía después de eso. Supuse que me estaba deshaciendo de toda la grasa adicional. 71 kilogramos.

Estaba en la regadera unos diez días después de comenzar a tomar la medicina y estaba horrorizada de ver cuánto pelo se me caía. Eso era malo. Muy, muy, muy malo, dejé de lavarlo inmediatamente y solamente dejé que el agua enjuagara lo que quedaba de shampoo. Salí de la regadera y me tomó casi una hora secar mi cabello porque tenía mucho miedo de utilizar una toalla y que se cayera más. Cuando el espejo ya no estaba empañado y mi cabello estaba seco, revisé qué tan notorio era. Había un buen pedazo de cuero cabelludo rojizo de unos 6 centímetros de ancho sobre mi oreja izquierda. Empujé el cabello alrededor para cubrir el parche pelón. Se cayó un poco más. Tenía que ser una deficiencia nutricional de todas las comidas que me estaba saltando. Me puse una gorra y me vestí. Cuando me lavé los dientes, me di cuenta que había un poco de sangre en el lavabo.

. . .

Hice una nota mental de conseguir multivitamínicos después del trabajo.

No me bañé al día siguiente porque, cuando me desperté esa mañana, había más cabello en mi almohada. Mi cuero cabelludo se estaba haciendo cada vez más visible.

Se veía pelón e irritado, pero no me dolía. Ya que era mi día libre, me quedé en casa e investigué en internet sobre deficiencias nutricionales que pudieran causar pérdida de cabello y sangrado en las encías. La mayoría se solucionaban con multivitamínicos, así que tripliqué la cantidad que tomaba sólo para estar a salvo. Tenía que ir al baño unas cinco veces durante las 15 horas que estaba despierta. Para la última ida al baño, estaba increíblemente mareada y con mucha sed. Me volví a pesar antes de comenzar a tomar agua y la medicina de radiación. 68 kilogramos. La medicina me había ayudado a perder más de diez kilos en menos de dos semanas.

Mamá me abrazó la siguiente mañana antes de ir a trabajar. Recorrió mi espalda con las manos e hizo un comentario sobre lo flaca que estaba. Luego, lo dijo: "¿Recuerdas cuando te solía decir mi niña chiquita?

. . .

Extraño esos días, pero amo cuánto has crecido"". Luego me dejó ir. Dolor, náuseas y desesperación inundaron mis sentidos. Sin previo aviso, el mareo volvió con gran fuerza, me tambaleé y caí en el piso de la cocina. Mi gorra salió volando. Con la cabeza dando vueltas, recuerdo vagamente que mi mamá jadeó, "¿Katie, que le pasó a tu cabello?", antes de que vomitara violentamente en el piso y sobre mí misma. Era sangre. Me desmayé mientras escuchaba a mi mamá gritar.

No supe cuánto tiempo pasé en el hospital. No estaba completamente inconsciente, pero todo lo que recuerdo, hasta hace poco que utilizaron unas medicinas para despertarme, eran imágenes de doctores en la misma vestimenta como de buzos que mis compañeros de trabajo, diciendo cosas sin sentido como "cesio", "desprendido" y "gris" sin referirse al color.

En la actualidad, no me puedo mover ni hablar y estoy escribiendo utilizando un teclado genial que puede escoger letras utilizando los movimientos del ojo que me queda. Como dije al inicio, pronto estaré muerta. Ya no soy algo agradable para ver. He perdido mi cabello. Y mi mandíbula inferior. Y mi piel. Los amables doctores me están dando medicamentos que me ayudan a controlar el dolor y me mantienen alerta.

. . .

Me preguntaron si podían hacer pruebas y experimentos conmigo para comprender lo que causa la ingesta de medicina radiactiva en el cuerpo humano. Aparentemente, hubo un hombre japonés hace unos cuantos años llamado Hiroshi Ouchi, quien tuvo un nivel de exposición similar y le ocurrió lo mismo que a mí. Dicen que ayudará a otras personas en el futuro si pueden comparar ambos casos. Por supuesto que los dejé.

Ya no puedo comer alimentos. Mi esófago se quemó.

Igual que mi estómago. Los médicos me mantienen hidratada con un tubo en mi trasero. En realidad, no me gusta pensar en eso. Supongo que toda la emoción que tengo mientras espero aquí es cuando me pesan cada seis horas para ver si soy capaz de retener los líquidos que me dan o si todo se transpira en las sábanas. Me levantan en una colchoneta y una pequeña voz robótica dice un número. Esta mañana dijo 32 kilogramos. Luego dijo 31 kilogramos.

Mamá y papá tienen que utilizar esos trajes como de buzo cuando vienen a visitarme. Mamá siempre está llorando porque no tiene permitido tocarme. Papá solamente se me queda viendo.

. . .

Justo antes de que comenzara a escribir esto, mamá se inclinó y comenzó a susurrar algunas cosas que recuerdo que me decía cuando era pequeña. Cerré mis ojos e imaginé sentirme cálida y a salvo en su regazo. "Te amo, mi niña chiquitita", sollozó. Hubiera sonreído si tuviera boca.

6

Perfume

Michael Whitehouse

Su perfume me perseguía. Flotaba en el aire, provocándome, orillándome a un final oscurecido. Corría a través de los pasillos bañados en tapices rojos, mi bata de noche flotando en el frío. La luz de la luna me mostraba el camino mientras buscaba el origen del perfume. Girando en las esquinas, a través de las puertas de roble sólido, en habitaciones que una vez estuvieron llenas de risas y terribles acciones. Con cada paso, el aroma se hacía más fuerte. Rosas. Una pizca de jengibre y cítricos. Nunca he podido descifrar por qué todo me era tan familiar.

Luego entré a una recámara. Una vieja habitación que era diferente de las demás.

Una vela solitaria estaba junto a una enorme cama de cuatro postes. La luz se proyectaba, revelando una habitación oscura e inquietante. El piso estaba frío, la madera crujió ligeramente; mis pies descalzos perdieron el poco calor que alguna vez tuvieron. Una gran chimenea se encontraba en la pared opuesta a la cama, apagada, ausente de vida. Sobre ella, un gran retrato dominaba la habitación. En la pintura había una mujer sentada, llevaba puesto un vestido verde oscuro de hace muchas décadas. Su cabello estaba amarrado firmemente en un moño, su piel pálida como una perla y sus ojos eran fríos y crueles.

Esos ojos parecían mirarme, me seguían mientras daba vueltas alrededor de la cama hasta que me senté a sus pies. Una cobija alguna vez rojo brillante y ahora descolorida cubría la cama, y mientras la luz de la vela batallaba contra una corriente de aire invisible, se volvió claro que alguien estaba recostado en la cama.

No pude ver el rostro de esta persona; el cuerpo estaba cubierto desde la cabeza hasta los pies con la cobija, envolviéndolo. La visión del contorno de esa tela me causó miedo en el corazón, no me atrevía a quitar la cobija, insegura de si mis nervios podían aguantar la impresión.

. . .

Una vez más, me llegó la sensación de familiaridad, un recuerdo oculto en las sombras justo fuera del alcance de mi vista, rehusándose a rebelarse. El acre perfume de rosas era más fuerte de lo que había sido antes, mientras podía sentir la malévola mirada del retrato detrás de mí, observando los procedimientos. Luego me di cuenta de otro aroma. Algo que se había llenado de úlceras en esa habitación por años oscurecido por la dulzura del perfume, un asqueroso vientre.

Mientras observaba el delineado de la cabeza y del cuerpo debajo de la cobija, la peste aumentó. Con cada respiración me veía atacada por una mezcla de rosas y de algo húmedo, mohoso, como tierra después de un aguacero. Había algo podrido en esa habitación conmigo. El olor rancio se volvió tan espeso que podía saborearlo. El recuerdo oculto amenazaba con liberarse de sus cadenas.

Tenía que huir. Correr. Estar lejos de esa habitación, de esa casa, fuera a campo abierto donde pudiera volver a respirar.

Caminé rápidamente hacia la puerta por donde había entrado. Estaba cerrada. Giré la perilla de metal, su cuerpo esférico cubierto de pintura café oscura.

· · ·

El mecanismo cerrado enterrado en la madera hizo eco en los rincones más profundos; era un prisionero encerrado en una habitación solitaria, en un lugar donde el aire dulce de las flores estaba mezclado con el de la muerte.

Golpeé la puerta. Grité. Pero mis súplicas no fueron respondidas. Simplemente se desvanecieron en la solitaria casa, la casa de mi familia, la cual no había visitado desde que tenía siete años. Un lugar que escondía recuerdos oscuros y heridas que eran demasiado profundas, cubiertas finamente por las siguientes décadas. Por fin me rendí. Detuve mis protestas, descansé mi frente en la fría superficie de madera de la puerta cerrada, e intenté recomponerme.

Luego escuché un ruido.

Uno al inicio, seguido de otros tres. Era un sonido de chasquidos, crujidos. Me giré lentamente para ver lo que había ahí, pero la habitación estaba igual que antes. El cuerpo en la cama reposaba quieto, la cobija formando una silueta perfecta. La vela junto a la cama titilaba, pero permanecía, lo mismo que las sombras bailarinas en la habitación.

. . .

Creaba la ilusión del movimiento y, por un momento, me quedé viendo al retrato, los ojos de la mujer atravesándome desde arriba de la chimenea oscurecida, y es como si un parpadeo de reconocimiento cayera en su rostro.

Me encogí de hombros, creyendo que solamente era un truco de la luz, pero, aun así, el rostro seguía mirando.

Luego volví a escuchar el sonido de crujido. Una serie de rápidos chasquidos, como el dolor de una puerta que no ha sido abierta por mucho tiempo, moviéndose lentamente en la noche. Pero no podía ver el origen del sonido.

Mi corazón se aceleraba mientras miraba alrededor y, por primera vez, me di cuenta de que en la tenue luz se encontraba un viejo guardarropa del otro lado de la habitación.

Los chasquidos sonaron una vez más; un malestar de miedo comenzó a apoderarse de mí conforme cada chasquido sonaba, causándome confusión y rechazo. Me volteé hacia la puerta y giré la manija tan fuerte como pude, pero la realidad no había cambiado.

. . .

Estaba encerrada en esa habitación con un cadáver pudriéndose debajo de las cobijas y un sonido de chasquidos saliendo del guardarropa. Un sonido que se sentía orgánico, de alguna manera vivo, diferenciándose de las contracciones cambiantes del piso de madera y de las vigas de la vieja casa. Sonaba natural y, al mismo tiempo, sonaba antinatural.

Otro crujido, chasquido, y sabía que tenía que mirar dentro del guardarropa del otro lado de la habitación.

Tenía miedo de lo que pudiera encontrar, pero la anticipación de la espera, sólo esperar a que algo amenazador saliera de su tumba de madera, era demasiado como para aguantar. Quería que esta tortuosa noche terminara, para regresar a mi vida adulta. Algo me había hecho visitar mi antigua casa, pero estaba segura de que, si alguna vez volvía a sentir la fría brisa del mundo exterior, lanzaría una maldición a este lugar y nunca volvería.

Oscuros recuerdos parpadean un frente a mis ojos una vez más. La familiaridad del perfume aguijoneaba mis sentidos. La habitación… Una horrible ventana a mi pasado. No sería torturada de esta manera, no sería un juguete; tenía que saber lo que se encontraba dentro del guardarropa.

Dio un paso adelante, moviéndome alrededor y luego a los pies de la cama. Estaba segura de que el retrato me observaba amenazadoramente, pero no me atreví a mirarlo, por lo que mi mirada se mantuvo fija en el guardarropa mientras me acercaba. El sonido de chasquidos, crujidos sonaba de forma intermitente. Con cada paso escuchaba con atención, a veces siendo recibida por ese horrible sonido, otras veces con el silencio, un sonido igual de inquietante durante la noche.

Mientras acercaba mi mano a la puerta del guardarropa, mi sangre corría helada. La puerta se movió, aunque fuera ligeramente. Pero se movió. Pude ver unos centímetros de oscuridad en el interior, una pequeña brisa de aire oscuro, y sentí como si un ojo vigilante estuviera observando desde adentro.

Un chasquido respondió a mi cercanía, esta vez más fuerte que antes. Pero ahora era diferente, como el crujir de los nudillos; hueso y ligamento chasqueando en su lugar, extremidades que no se habían movido por mucho tiempo liberándose del incansable agarre del tiempo. Este de mi mano lentamente y abre la puerta con fuerza. Por un momento creí que veía dos ojos en la oscuridad del guardarropa observándome, pero mientras la luz de la solitaria vela de la habitación alcanzaba este oscuro lugar, no se veía nada.

No había ropa, ni pertenencias, ni ojos espeluznantes, sólo el vacío de una vida ahora desaparecida.

Suspiré de alivio, pero cuando me di la vuelta, me congelé en el lugar. Algo había cambiado. No era el retrato de la pared. El amargado rostro de la mujer en la pintura miraba hacia adelante. Tampoco era la chimenea que seguía apagada, su boca bañada en la noche. No era la puerta al otro lado de la habitación, mi única forma de escape, que permanecía cerrada, sin duda con la llave de algún carcelero invisible.

No, ninguna de estas cosas había cambiado. Pero lo que más me asustó, los que destruyó los medios que todavía tenía, era la figura que reposaba bajo las cobijas en la cama. Ese cuerpo muerto y silencioso que llenaba el aire con perfume y un aura macabra.

Ya no estaba.

La cobija roja había sido llevada a un lado revelando las sábanas blancas, y la única evidencia de que alguien estuvo reposando ahí, era la impresión en el colchón, el delineado de un cuerpo ahora desaparecido.

. . .

Jadeé cuando volvió a sonar el chasquido, esta vez desde la cama, pero no había señales del cuerpo. La habitación estaba vacía y, aun así, no se sentía ausente de compañía.

Ahí había algo. Miré alrededor, y luego fue cuando me llegó un pensamiento. Uno que de otra manera hubiera sido impensable. Quizás era un espectro invisible lo que había estado debajo de la cobija roja. Una aparición con el cuerpo de una persona, pero invisible al ojo humano.
Crujido.
El sonido se acercaba.
Crujido.

Esta vez desde los pies de la cama. Lo que sea que fuera, estaba caminando lentamente hacia mí, los tablones de madera del piso cambiando bajo su peso como la única señal de que no estaba sola.

Si tan sólo pudiera ver esa cosa cadavérica antes de que pusiera sus manos podridas sobre mí. Con ese pensamiento salte sobre la cama y, mientras el espectro daba un paso hacia delante, jalé las cobijas del colchón, arrojándolas al aire como una red. Revolotearon con el movimiento, trayendo consigo el perfume dulce y rancio. Y luego se quedaron quietas, pero no en el piso, sino que cubrían el cuerpo andante, mostrándome su perfil.

Un vestido envolvente de sábanas blancas, descansando sobre algo horrible que se encontraba debajo.

Tal vez debía haber permitido que la cosa caminara sin ser vista, porque la visión de las sábanas colgantes dando un paso hacia mí casi detienen mi corazón. Crujido. Crujido.

Cada paso invisible me traía punzadas de miedo como nunca antes había sentido. Luego vino el susurro de las sábanas mientras algo se movía debajo de ellas. Un movimiento que me señalaba, algo que sólo podía asumir que eran dos manos estirándose debajo de su sudario, tratando de alcanzarme.

Me tropecé hacia atrás. Grité y, mientras lo hacía, la habitación se oscureció. Mi retroceso me había llevado dentro del guardarropa. Los brazos de la figura envuelta casi estaban sobre mí y mi último recurso fue cerrar las puertas de madera del guardarropa para protegerme de esa cosa.

Mi recién descubierto santuario se sacudió violentamente cuando el espectro envuelto intentó jalar la puerta.

. . .

La sostuve con todas mis fuerzas, mis dedos sobresaliendo en la habitación, aferrándose a ese pedazo de madera, la única barrera entre esa pútrida aparición y yo.

Los recuerdos comenzaron a regresar, el oscuro guardarropa como detonante de eventos dolorosos que había logrado enterrar en lo más profundo de mi ser, recuerdos de una niña pequeña encerrada en lugares oscuros. Sótanos, áticos, guardarropas… Una niña abusada. Golpeaba.

Burlada. Emocionalmente torturada por su única cuidadora. Mi cuerpo convulsionó y tembló mientras la realidad de mi infancia temprana se colaba en mi mente.

El ataque se detuvo y el silencio se volvió mi mundo. Y luego escuché dos palabras se susurradas:

"Pequeña… Sophie…".

Las palabras eran más un aliento que una voz, y en ellas podía reconocer al hablante. Mi abuela. Esa horrible mujer que alguna vez había abusado de su deber.

"¡Sólo era una niña!", grité lo más fuerte que pude. "¿Cómo pudiste hacerme eso?".

Aun así, sostuve la puerta con firmeza, segura de que el espíritu de mi abuela estaba parado frente a ella. Esto fue confirmado cuando sentí un aliento cálido y pegajoso en mis dedos.

Una boca, visible o invisible, debió pasar sobre ellos por un momento, exhalando un aire asqueroso. Luego algo húmedo lamió mis dedos.

No había mucho que pudiera hacer. Me aferré con firmeza, mientras el fantasma de mi retorcida abuela lamía mi piel expuesta.

Luego nada. Silencio una vez más. Sin respiración. Sin puertas sacudidas. Nada.

Entonces unos dientes escurridos de saliva mordieron mis dedos con fuerza. Grité de agonía mientras se enterraban profundamente en mi carne y luego en el hueso. Detrás de mis gritos de dolor puede escuchar una risa de deleite.

La historia se repetía mientras más recuerdos me inundaban a través de la tortura. Ella había hecho cosas horribles en el pasado. Cosas malvadas, retorcidas.

Encerrándome en la oscuridad, golpeándome, picándome y más. El dolor del recuerdo mezclado con el dolor del momento mientras esos asquerosos dientes se enterraban cada vez más profundo.

¡No más!

Grité por la ira y empujé la puerta del guardarropa, derribando al piso la figura envuelta. Mis dedos sangraban, pero eran libres, al igual que yo. Saltando sobre la cama, me abalance hacia la puerta cerrada una vez más.

Grité, lloré y peleé mientras la puerta permanecía cerrada firmemente. No cedía. Golpeaba y arremetía contra mi prisión. Entonces dos manos me agarraron por detrás, dedos cubiertos con sábanas alrededor de mi cuello.

Peleamos, su agarre alrededor de mi garganta haciéndose más fuerte, evitando que respirara. Y en un momento de ira, en un momento de pura supervivencia, agarré la vela solitaria que estaba junto a la cama y la arrojé a los pies de mi abuela, prendiendo el envoltorio de sábanas. La habitación ardió. La cama. La pintura. El guardarropa…

Y mi último recuerdo estaba observando a mi lado, para ver el cuerpo de mi abuela quemándose en el piso.

. . .

Me encontré de pie en el jardín de la casa familiar, mareada, observando cómo se derrumbaba, consumida por las llamas. Había regresado al lugar de mi infancia para supervisar las cosas de mi abuela después de que hubiera terminado con su vida mortal. Pero parecía que ella no había terminado conmigo. Después de esa noche, por fin, estaba segura de que yo había terminado con ella.

7

Un oscuro tramo de carretera

Barnabas Deimos

Conduciendo…

Melanie y Diana habían estado manejando juntas por días. Recién casadas, las mujeres habían estado viajando desde Florida hasta California como una luna de miel sorprendentemente larga y libre de estrés. En algún lugar de Arizona o posiblemente Nuevo México, las dos habían estado conduciendo por algún tiempo a lo largo de un polvoso tramo de carretera. Kilómetros y kilómetros de nada que se extendían frente a ellas mientras recorrían la carretera desierta cuyo número habían olvidado las dos.

. . .

Todo lo que sabían era que se dirigían hacia el noroeste a través de ella.

Durante el día, la carretera se extendía con nada más que polvo y roca a cada lado, mientras que delante de ellas se encontraba una pequeña hilera de montañas pequeñas y chaparras, las cuales tenían la intención de cruzar. Ahora, después de haber conducido por tanto tiempo, el sol se había ido y abandonado el polvo, las rocas y las montañas para ser devoradas por la total oscuridad de una noche sin luna. Sólo la tenue luz de las estrellas iluminaba su mundo.

Ambas hablaban y dejaban pasar el tiempo mientras conducían. No tenían prisa. Pero lentamente comenzaron a preguntarse cuándo terminaría este tramo de carretera.

"¿No deberíamos sentir al menos que comienza a inclinarse?". Pero la fiebre de la carretera suele afectar sin que uno se dé cuenta. Además, estaban disfrutando su tan pospuesto y merecido tiempo juntas como esposa y esposa.

Conforme conducían y conducían, su hipnosis de carretera por fin las afectó.

Ambas lo vieron, y una terrible sensación comenzó a colarse entre ellas, reemplazando las emociones felices y despreocupadas que tuvieron durante su viaje. Cada vez que se daban cuenta, Melanie agarraba la mano de Diana y la estrechaba. Un movimiento para tranquilizarla y calmar la preocupación y el miedo que les daba cada vez que veían el indicador de la gasolina bajar y bajar, lentamente.

Habían estado conduciendo por tanto tiempo que ya deberían haber llegado. Algo estaba mal… ¿acaso habían juzgado mal la distancia? ¿Acaso no habían llenado el tanque antes de salir? Las cosas simplemente parecían no tener sentido.

Y como la inevitable sacudida de la hoz de la Parca sobre todas nuestras almas mortales, el carro comenzó a disminuir su velocidad mientras la gasolina que se había convertido en vapores ahora se transformaba en nada.

Con un crujido en el piso de grava, el carro se detuvo.

Revisando las dos sus teléfonos celulares y el teléfono del trabajo de Diana, descubrieron, sin mucha sorpresa, que no había señal.

Realmente no era una sorpresa considerando que habían sufrido de varias zonas sin señal cuando conducían tan lejos. Así que la conversación comenzó con lo que debían hacer: ¿quedarse en el carro o caminar?

Llegaron a un acuerdo: caminarían un poco para ver si, por algún azar de la suerte, había cerca alguna señal de civilización o quizás algún teléfono de asistencia vial.

Sin duda, estaba casi completamente negro excepto por una pequeña los ambiental. La carretera era un tramo negro salpicado de océanos de morados y azules oscuros con unos cuantos toques de sombras.

Seguía cálido en el exterior y ambas sentían que el aire fresco podía ser bueno para ellas. Hicieron lo mejor que pudieron para sacar a algo bueno de la situación al hacer bromas y jugar entre ellas para ignorar las posibilidades de su desafortunada situación.

Las dos caminaron unos cuantos minutos antes de que hubieran perdido de vista el automóvil punto hablaron de sí debían dar la vuelta, regresar, y cada vez que tenían esa discusión terminaban con "sólo un poco más", "sólo un poco más lejos".

Así que siguieron cada vez más lejos y más lejos, absorbidas en su misión y en la compañía de la otra, sin darse mucha cuenta de nada más, hasta que eso se les escabulló. Nubes. Un cúmulo de nubes se extendió en el cielo. Bloqueando la ya débil luz de las estrellas con su tinte negro.

"Regresemos... Tenemos que regresar", ambas estuvieron de acuerdo mientras el último rayo de luz de las estrellas era absorbido. Pero mientras caminaba de regreso al auto, se dieron cuenta de que ya era demasiado tarde para esa opción. La oscuridad se extendía ante ellas, detrás de ellas, sobre ellas. La única forma en la que supieron que la otra estaba a su lado era al tomarse de las manos y respirar.

"Eventualmente llegaremos al auto", pensaron. "Sólo hay que seguir caminando en línea recta y llegaremos ahí".

Siguieron caminando, pero nada apareció en el monótono mundo negro.

Preocupación, pánico, miedo y frustración se colaron en sus voces.

Solamente el hecho de que sostenían la mano de la otra durante ese momento, y saber que la otra estaba ahí, evitaba que fueran consumidas por la pérdida y la desesperanza.

Se sintió como una eternidad...

Luego, una luz.

Un pequeño parpadeo de luz surgió ante sus ojos en pequeños destellos y luego finalmente estableciéndose como una luz constante.

Parecía ser una luz de la carretera, lo que significaba que algo estaba ahí o al menos estaba cerca. Eso esperaban.

Las mujeres corrieron hacia eso, hacia la luz que se balanceaba hacia arriba y hacia abajo en su carrera hacia lo que se sentía como la luz la salvación.

Mientras se iban acercando, se dieron cuenta de que la noche era tan oscura que la luz apenas iluminaba el suelo debajo de ella y ni siquiera iluminaba su propio poste.

Aun así, corrieron hacia ella. Aunque no pasara nada más, podían sentarse bajo la luz y esperar hasta que se hiciera de día.

Las dos corrieron hasta llegar ahí y, debajo de la débil luz, se abrazaron. Sin siquiera darse cuenta de que el suelo estaba mojado, aunque no había llovido.

Se perdieron a sí mismas en el beso de celebración y alivio. Tan aliviadas estaban que ni siquiera les importaba el fuerte olor.

De repente, la luz se balanceó un poco. Ambas miraron hacia arriba.

Dos ojos bulbosos de un blanco neblinoso fueron revelados por la luz cambiante.

La lengua sobre la que estaban paradas se movió.

La luz desapareció.

. . .

Las esposas gritaron, sosteniéndose entre ellas, mientras las mandíbulas monstruosas a las que habían entrado se cerraron de golpe.

8

Mueren sin nombre

Aaron Shotwell

Mi nombre es Ad m Ja es…
Mi nombre es Ada J m s…
Mi nombre es dam ame…

He escrito estas palabras una y otra vez por las últimas doce horas, describiendo para recordarme a mí mismo. Pero, sin importar cuántas veces intente escribirlo, nunca logró llegar al último trazo de la pluma. Sospecho que no falta mucho para que mi memoria también se desvanezca.

Sólo espero que este diario encuentre su camino hacia las manos de alguna persona, de quien sea.

Por favor. Quien quiera que seas, por favor recuérdame.

5 de junio de 1964

Desde antes de mis años universitarios, me ha fascinado el antiguo Egipto. La cuna de la civilización, donde se erigieron los dioses y los imperios desde la arena indomable; estas historias de nuestros inicios yacen enterradas en silenciosas tumbas por miles de años. El Valle de los Reyes contiene las respuestas a muchos misterios y a veces nuevos misterios por descubrir. Una riqueza de revelaciones y sorpresas, y su atractivo me trajo a la vida de un historiador hace muchos años. Más allá de la profesión, descubrir estas maravillas ha sido un gran placer.

Con ese propósito, hoy es un día muy importante para mi carrera. Hasta el día de hoy, mi investigación ha sido limitada a fuentes secundarias. Como uno puede imaginar, conseguir acceso a los textos y artefactos originales puede ser todo un reto. Aun así, tengo la gran fortuna de recibir una rara donación respecto a mi más reciente tema de intrigas, cortesía de un generoso coleccionista privado.

Por desgracia, por el bien de la privacidad, él desea mantenerse anónimo en todas las publicaciones. De todas maneras, aunque no puedo darle el crédito por esta contribución, estoy muy agradecido.

. . .

Mi trabajo actual trata del final de la décimo octava dinastía, el linaje familiar de Akenatón y su controversial rechazo del antiguo panteón. Generalmente se acepta que su reinado terminó con la muerte de su hijo, Tutankamón. Sin embargo, los contenidos de la cámara mortuoria del rey niño sugieren lo contrario, es decir, los dos fetos enterrados a su lado, cada uno en su propio sarcófago. Uno murió en lo que parece ser el séptimo mes del desarrollo prenatal, el otro en el quinto mes. Sus identidades y las causas de los abortos todavía son desconocidas.

Mi benefactor anónimo me va a proporcionar esos mismos sarcófagos. A petición, me los ha mandado a mi oficina en la Universidad de Southampton. Espero que su análisis me proporcione una pista valiosa para contestar esas preguntas de una vez por todas. El paquete llegará a final de mes y estoy ansioso por comenzar.

29 de junio de 1964

El paquete llegó esta mañana. Aunque me atrevo a decir que fue en un estado precario, abandonado sin supervisión en la puerta de mi oficina en vez de en el departamento de seguridad como pedí.

. . .

El paquete en sí mismo no era para nada robusto, apenas con la protección adecuada para tales tesoros invaluables.

Me aseguraré de comunicar mis preocupaciones a la compañía de paquetería en un futuro cercano.

Sin embargo, los artefactos no están tan afectados por el desgaste, y en efecto son hermosos. Mi benefactor los mantuvo prístinos, claramente no en un almacén polvoso como yo pude haber imaginado. Dos sarcófagos diminutos adornados en dorado y negro, cada uno conteniendo un sarcófago aún más pequeño, como las muñecas rusas, y sus restos marchitos descansaban dentro. Yo esperaba que fueran frágiles, pero había soportado los años con una sorprendente integridad.

Por desgracia, los cuerpos mismos no estaban disponibles para mí. Se encuentran resguardados celosamente en otras instalaciones a las cuales el acceso está limitado, y con toda razón. A pesar de eso, solamente los ataúdes son un punto de comienzo prometedor para mi investigación.

Comenzaré mi trabajo de inmediato.

. . .

10 de julio de 1964

Hasta el momento, los ataúdes han estado en mi posesión por una semana, y me proporcionan más preguntas que respuestas. Las fotografías que he observado desde su llegada no muestran señales claras de identidad, por lo que sospecho que será necesario un examen más detallado. Aun así, no han cedido en nada. Sin hombres, por supuesto. Sin epítetos, sin oraciones, sin símbolos de protección. Ni siquiera el más mínimo indicador de una práctica ritual respecto a estas muertes.

Que estos fetos fueran embalsamados y enterrados en tumbas como hacían con la realeza, pero que los hayan puesto a descansar sin marcas de distinción, es un enigma confuso. Solamente podía asumir que eran fetos abortados de Tutankamón basándome en lo cerca que se encontraban de su lugar de descanso. Incluso esa pobre conclusión no otorga ninguna pista a las circunstancias respecto a sus muertes.

Claramente, estos dos fueron muy importantes. Sus cuerpos fueron tratados con el mismo cuidado que el de cualquier rey. ¿Entonces por qué morirían sin nombre? ¿Por qué fue permitido que ocurriera así? Esto no fue una locura de incompetencia o negligencia.

No, puedo decir con seguridad que fueron omitidos deliberadamente. Es todo un enigma.

23 de julio de 1964

En la cima de mi frustración, he realizado un sorprendente descubrimiento. Para ser honesto, estoy sorprendido de ser el primero en darse cuenta o, al menos, el primero en mencionarlo.

A los pies de uno de los sarcófagos interiores, cerca del borde del labio bajo la tapa, he encontrado una hendidura muy fina, casi imperceptible en la arcilla.

Puede ser confundida fácilmente con una fractura por la presión, y casi lo descarto como tal. Sin embargo, cuando ajusté la lámpara de mi escritorio, fue cuando lo vi: algo profundo en la hendidura reflejó un débil rayo de luz.

Después de intentar con una aguja y un par de pinzas pequeñas, fui capaz de extraer un pequeño papiro de pergamino de junco enrollado de forma muy ajustada.

. . .

Por supuesto, no había envejecido también como la arcilla del sarcófago, fabricado delgado y débil en sus antiguas costuras.

Mantenerlo intacto mientras lo desdoblaba fue una tarea delicada y difícil, pero muy exitosa. El último pedazo se adhirió a sí mismo con gran fuerza y con evidente intención. La tinta está bastante desvanecida, pero ha sido capaz de discernir lo siguiente:

"Que sus nombres mueran con ellos, sellados en la tierra y olvidados. Se llamaban…".

Sin duda, el último pedazo oculta lo que hubiera sido sus nombres en vida, si hubieran sobrevivido. Aunque sea algo riesgoso, tal vez pueda deshacer los últimos dobleces con el uso cuidadoso de una navaja y un solvente no corrosivo. Pero debo tener mucho cuidado, ya que esto bien podría ser la clave para resolver este misterio, lo que terminaría por documentar una conclusión sólida a un periodo muy importante de la historia de Egipto.

24 de julio de 1964

Me he quedado viendo esta página en blanco por un buen rato, tratando de encontrar las palabras para describir lo que experimenté anoche.

. . .

Suena ridículo no importa cómo intente expresarlo, por lo que he intentado racionalizarlo. Tal vez se deba a la falta de sueño o tal vez la frustración acumulada. Tal vez sea una próxima enfermedad y alucinaciones por la fiebre. No estoy seguro, pero no puedo encontrar una alternativa. Aun así, a pesar de todo mi razonamiento, no puedo deshacerme de la sensación espeluznante que se va apoderando de mí.

El último doblez del pergamino cedió con mayor facilidad de la que esperabas, requiriendo muy poca presión, y luego reveló lo que ahora me cuesta trabajo explicar.

Comprendo los símbolos que vi; comprendo su significado y sus usos individuales. Comprendo los sonidos que debieron representar. Pero en conjunto, cuando los veo en ese estado, no evocan un pensamiento, sólo una densa niebla de confusión, y cualquier señal de significado desapareció de mi mente al momento en el que desvíe la mirada.

Incluso cuando intenté copiar los símbolos que vi, ponerlos en papel, descubrí que soy incapaz. Entiendo las líneas que los componen, pero aún así no podía mover mi mano para recrearlos. Es como si estas palabras, estos nombres, se rehusaran a ser repetidos.

Cuando desdoblé el último pedazo, juro que sentí como si una ráfaga de aire frío pasara sobre mí. Escuché un susurro sin palabras en mi oído, llamándome. Es una sensación peculiar. Y mientras me esfuerzo en superarlo, siento que algo terrible rodea a estos nombres. Algo oscuro. ¿A qué terrible entidad he perturbado?

12 de agosto de 1964

He concluido mi estudio. Regresaría los artefactos a mi benefactor si no fuera porque me dan miedo. Estar en la misma habitación, verlos colocados sobre mi escritorio mientras estoy de pie a la distancia, es algo insoportable.

No puedo encontrar el pergamino en ninguna parte, y por eso me siento agradecido. No me atrevo a volver a posar mis ojos en esos símbolos otra vez, puesto que un solo vistazo seguramente me perseguirá toda mi vida. He tenido horribles y persistentes visiones desde la noche en la que los descubrí, visiones de sufrimiento y arrepentimiento.

No volveré a poner un pie en esa oficina otra vez, no mientras sigan ahí esos terribles artefactos. Dejaré la ciudad esta noche.

No sé a dónde iré, pero me siento obligado a huir. No puedo soportar este lugar; ha sido contaminado.

Anoche vi al chacal.

Habló de dioses falsos.

18 de octubre de 1964

Estoy corriendo ahora. No a casa o a un lugar específico, solamente lejos. Tengo que mantenerme en movimiento o me van a encontrar de nuevo. Las dos niñas, dos niñas pequeñas con coronas plateadas, observándome desde la oscuridad. A donde sea que vaya, me encuentran, y las sombras tiemblan como escarabajos bajo sus pies.

Siempre el olor de la arena en el viento, y se aparecen frente a mí.

Me dicen que traen la ira del león, la justicia de Sejmet. Me dicen sus nombres, un sonido que mi mente no puede comprender o tolerar, un sonido que no es para los vivos. Debo correr. Esos nombres me atormentan.

No hay dioses antes de Ra. Cómo son sus fieles, así es el destino de Atón.

16 de diciembre de 1964

Hoy he regresado a la universidad, quizás con la esperanza de que pueda apaciguar a los muertos. De que pueda de alguna manera entregar sus nombres de regreso al vacío, y que las hijas nonatas me puedan dejar en paz.

Regresé como un extraño. Mis colegas habían olvidado mi nombre, mis viejos amigos habían olvidado mi rostro.

Y mi oficina, donde comenzó la maldición, nunca existió.

En su lugar, encontré nada más que una pared conectando las habitaciones que alguna vez se encontraron a la derecha y a la izquierda, una pared amarillenta con la misma antigüedad que el mismo edificio.

No encontraré asilo en este lugar. Seguiré adelante.

Pero cada vez estoy más cansado y la mujer león espera mi renuncia.

. . .

30 de mayo de 1965

Los meses han pasado arrastrándose, despojándome poco a poco de mi antigua vida. Me encuentro sin un hogar. Vivo en mi automóvil y robo para sobrevivir. Ya nadie parece reparar en mí; se olvidan de mí tan rápido como me ven. Nadie escucha mis gritos que piden ayuda y, a veces, creo que ni siquiera pueden escuchar mi voz. Continúo recorriendo las calles como un hombre destrozado, trotando más que caminando, y la gente pasa a mi lado sin dedicar una mirada. Mis padres ya no me conocen; nunca tuvieron un hijo. Me he convertido en un fantasma, una causa perdida que ya no le queda ningún lugar a dónde acudir.

Mi carro se descompuso hace dos días. No hubo tiempo para encontrar otro. No hay tiempo para detenerse. Huyo a pie. Duermo sólo cuando y donde pierdo la conciencia.

Rezo para que no me lleven en mi sueño y cuento mis bendiciones cuando despierto donde colapsé. Pero siempre las veo esperándome en los últimos momentos de las tinieblas antes del amanecer.

. . .

Me he refugiado en un túnel del drenaje por la noche, pero es probable que aquí sea donde encuentre mi último descanso. Ya estoy muy cansado como para ponerme de pie. Ya no puedo seguir. Espero mi juicio.

31 de mayo de 1965

Cuando por fin se puso el sol, la mirada de Atón se alejó de mí como lo hizo con ellas. El niño rey vino a mí, adornado con su traje de entierro, y habló con el siseo de una cobra. Me dio los hombres de sus hijas y con ellos un entendimiento. Conocer la fe en Atón es conocer la ira de Ra. Conocer a los fieles de Atón es conocer la ira de Sejmet. Recordar a los desterrados es enfrentarse al vacío. Y así, a cambio de sus nombres, él tomó el mío.

Esta será mi última entrada. Aquí, en esta página, dejo mis últimas palabras al mundo, aunque nunca lleguen a ser conocidas. La tinta de cada palabra sale volando de la página cómo cenizas en el viento. Y mientras yazco aquí muriendo, lentamente colapsando al polvo sin la esencia de un ser, no puedo evitar sino acudir a otra persona en vano. No puedo evitar sino intentar dejar un recuerdo.

Por favor recuérdame. Mi nombre es

9

Ella debajo del árbol

Michael Marks

La primera vez que recuerdo haber sentido verdadero miedo fue frente a ese árbol, una cosa vieja y decadente que se erigía justo en el centro del de otra forma aburrido campo de las tierras de mis abuelos. Su largo tronco giraba y se hacía nudos alrededor de sí mismo; sus ramas se extendían como humanos modos hacer hacia los cielos grises como si estuvieran rezando. Solamente era un árbol y nada más, al menos eso fue lo que mi padre me dijo. Sin embargo, yo sabía más que eso. No solamente era un árbol… Era malvado.

Incluso entonces me daba cuenta de que algo no estaba bien.

Era como si el pasto se rehusara a crecer en un círculo de metro y medio a su alrededor. Era como si ningún animal se atreviera a acercarse, nunca se veía una ardilla o un pájaro haciendo su nido en las negras y muertas ramas. Recuerdo estar parado frente a él a la edad de seis años, mi padre y mi abuelo para dos detrás de mí, hablando, mientras yo miraba hacia arriba con un asombro temeroso.

"Esa cosa es una monstruosidad, pa", dijo mi padre, dando unos cuantos pasos hacia mí. "¿Por qué no simplemente cortas esa maldita cosa?".

Mi abuelo, un hombre todavía bastante atlético para su edad y todavía luciendo un poco de su color oscuro original en el cabello, se resistió. "Esa cosa ha estado ahí desde que recuerdo, y pues no está haciendo daño a nadie de ninguna manera".

Ese fue el punto final en el tema. El abuelo dijo "no", así que ahí se quedó. Desde entonces, ahí ha permanecido por veinte años. Sobrevivió al repentino ataque cardiaco de mi abuelo, al fallecimiento de mi abuela poco después por el cáncer, al divorcio de mi mamá y papá, y a la eventual muerte de mi padre por la bebida.

. . .

Allí sigue y ha estado maldiciendo el nombre de mi familia. Lo sabía entonces, y lo sé ahora.

Heredé la propiedad después de que mi padre falleció.

No hizo nada con ella durante el tiempo que la tuvo, ya que había estado dedicado a revolcarse y ahogarse en la bebida, así que cuando llegué al lugar había caído en la total decadencia. Requería algo de trabajo para hacer que fuera habitable otra vez, pero ya que mi novia, Crystal, y yo habíamos estado buscando un lugar más grande para nuestra familia, era una bendición. Nuestro hijo, Jeffrey, tenía cuatro años y yo creí que sería una buena idea darle una habitación más grande y un enorme jardín en el que pudiera jugar. Incluso finalmente pudimos conseguir un perro, algo que siempre quise, pero los pequeños departamentos en los que viví no lo habían permitido.

Recuerdo estar caminando en los terrenos y planeando todo en mi cabeza.

Cada color de pintura y cada pedazo de madera que necesitaría para reconstruir este lugar y que se viera como el lugar de mi infancia que recordaba.

. . .

Luego recuerdo haber visto el árbol, borroso a la distancia, como una plaga en el horizonte, sus ramas como garras todavía extendiéndose hacia el cielo en oración, su cuerpo todavía pudriéndose y retorcido. Me apoyé sobre la casa y encendí un cigarrillo mientras me le quedaba viendo a la distancia como si fuera un intruso. Cerré un ojo y cubrí el árbol con mi pulgar. El mundo se veía mejor sin él. En ese momento decidí que, mientras que mi abuelo quería dejarlo estar, yo iba a derribar esa maldita cosa.

Mi novia y yo decidimos que yo podía pasar los fines de semana en la casa de mis abuelos para repararla para cuando nos mudáramos. Mi hermano, Eddie, ofreció ayudar en los fines de semana que no estuviera ocupado, pero dijo que no sería por al menos dos semanas. Consideré la idea de esperar para cortar el árbol hasta que mi hermano pudiera venir a echarme una mano, pero en el momento en el que puse mis ojos sobre esa cosa otra vez, quería que desapareciera.

Llevé mi camioneta al campo para que fuera más fácil sacar todas las piezas y me puse a trabajar. Mientras mi motosierra rugía para volver a la vida, en mi cabeza casi pude ver que la retorcida cosa se estremecía. Había estado ahí por más tiempo del que yo llevaba vivo; hoy era la última vez que podía rezar al cielo.

Cubrí mi rostro con un cubrebocas y sintió una gran satisfacción cuando los dientes de las sierras enterraron en su superficie. Pedazos de corteza oscurecida y aserrín que olía a podrido volaron libres de su tronco nudoso y retorcido. Algún tipo de savia negra se escurrió sobre la hoja de la sierra mientras trabajaba; incluso podrías sentir pedazos volando y golpeándome el rostro. Aun a través del cubrebocas podía olerlo. Su peste era horrible. Por un segundo tuve miedo de que entorpeciera los mecanismos de la sierra. Pero el gran poder de la maquinaria seguía moviéndose y los dientes de la sierra buscaban su presa con mínima preocupación.

Pasé la mayor parte del día trabajando para derribar el árbol y cortarlo en pedazos, pero mientras el sol se ponía y la parte de atrás de mi camioneta se llenaba con madera negra y podrida, sentí que valía la pena. En el lugar donde estaba el árbol no quedaba nada más que un tocón anudado. La cosa se retorcía con insectos y algún tipo de moho. Luego lo despedazaría cuando tuviera ayuda; quién sabe qué tan profundo había extendido sus raíces esa cosa. Me subí a la camioneta, sucio y cansado, pero satisfecho con mi trabajo. Esa noche dormí y descansé como un muerto sabiendo que mi horizonte estaba libre de esa retorcida sombra. Pasé todo el siguiente día trabajando en la casa principal. Había mucho por hacer y no quería desperdiciar el tiempo.

. . .

No fue sino hasta el siguiente fin de semana que las cosas comenzaron a ponerse extrañas.

Estaba limpiando el ático de la casa. Estaba lleno de cajas de chatarra y viejos muebles. La mayoría de las cosas iban directo a la basura, unas cuantas cosas a la caridad, y otras pocas cosas me las iba a quedar. Mientras estaba moviendo una de las grandes cajas que me iba a quedar (una caja llena de viejos álbumes de fotografías), uno de los álbumes de la parte de arriba cayó y dejó caer unas cuantas fotografías extendidas en el piso. Coloqué la caja en el cuarto de visitas, donde planeaba almacenarla mientras tanto, y regresé a recoger las fotografías. Eran antiguas fotografías en blanco y negro de mi abuelo cuando era joven. Estaba parado frente a ese horrible árbol, sonriendo. Mi abuela estaba sentada a su lado, en la base.

"Otoño del 47", estaba escrito detrás, pero debajo estaba escrito algo muy extraño. "Le cala, le cala, no queremos un final".

La frase despertó algo familiar dentro de mí, aunque no tenía idea de qué significaba. Sin embargo, la foto por sí misma me hizo sentir incómodo. Había algo un poco maníaco en la sonrisa de mi abuelo y algo un poco nervioso en mi abuela.

Pasé a la siguiente fotografía y me tomó un segundo darme cuenta de lo que estaba viendo. Cuando lo hice, mi estómago dio un salto.

Era mi abuelo. Aunque, esta vez, mi abuela no estaba en el encuadre y, en su lugar, mi abuelo sostenía una cuerda y que pasaba sobre una rama del árbol. Al otro extremo de la cuerda había un perro; había sido colgado por el cuello, presuntamente por mi abuelo, y parecía estar muerto. Mi abuelo todavía tenía esa sonrisa maniática en su rostro. La podías observar detrás de su sombrero de ala ancha.

Dejé caer la fotografía, retrocediendo por lo que había visto. Me sentía enfermo y no lo podía creer. Mis abuelos siempre habían sido personas muy amables y la visión de mi abuelo sintiendo tanto placer en matar un animal indefenso me hizo sentir enfermo. Encontré firmeza al ponerme de rodillas y miré la fotografía boca abajo en el piso frente a mí. También tenía un escrito en la parte de atrás:

"Le cala, le cala, acepta el final de otro".

Agarré la fotografía del piso, sin querer verla otra vez, y caminé con paso firme hacia la pila de basura que había estado juntando.

Metí las fotografías dentro de una de las cajas y luego regresé a donde había dejado los otros álbumes de fotografías y comencé a revisarlos. Llegué a al menos otros diez conjuntos de fotografías de diferentes años. En cada una, mi abuelo y abuela estaban en una fotografía posando junto al árbol, y después siempre había otra fotografía donde mi abuelo estaba colgando algún animal por el cuello en alguna de las ramas; no siempre eran perros, también había gatos y cabras. Cada una estaba marcada con el otoño del año en que se hubiera tomado, y cada una tenía el mismo cántico escrito en dos partes.

"Le cala, le cala, no queremos un final. Le cala, le cala, acepta el final de otro".

Arranqué cada una de esas fotografías de los álbumes y las hice bola, metiendo las en la misma caja que las otras que encontré. Debía estar caminando en un silencio sorprendido por al menos una hora después de eso. ¿Qué habían estado haciendo mis abuelos? ¿Era algún tipo de cosa relacionada con un culto? ¿Por qué mi abuelo siempre se veía como que disfrutaba mucho matar a esos animales? Comenzaba a tener sentido la razón del porqué el árbol siempre se sintió tan mal, tan malvado. Habían hecho algo en ese lugar que lo había contaminado.

. . .

Esa noche arrojé las cajas en la parte de atrás de mi camioneta y las deje en el basurero camino a casa. Para lo que me importaba, por mi podían pudrirse con el árbol; no quería tener nada que ver con eso. Yo creí que ese sería el final. Me alejaría y lo dejaría en paz, mantendría el secreto y seguiría con mi vida. Pero, nunca es tan sencillo; ahora lo sé.

Toda esa semana tuve pesadillas sobre el árbol. Podía escuchar la sincera risa de mi abuelo mientras jalaba de la cuerda para subir esos animales al árbol. Podía escucharlos chillar y gemir mientras eran estrangulados hasta morir. Me despertaba sudando frío, me faltaba el aire y no sabía dónde estaba. La frase se repetía en mi cabeza: "Le cala, le cala, no queremos un final. Le cala, le cala, acepta el final de otro". Le dije a mi novia que sólo eran pesadillas, probablemente por el estrés, pero nunca le dije de qué trataban.

No sabía si regresar a la casa, pero me dije a mí mismo que sólo tenía que olvidarlo. Era perturbador saber que mis abuelos no eran las personas que creí que eran, que eran capaces de esos asquerosos actos de crueldad, pero cualquier respuesta al por qué lo habían hecho había sido enterrada con ellos hacía muchos años. El árbol se había ido, las fotografías se habían ido con él, y la casa ahora era mía.

Podía hacer que fuera una casa otra vez y llenarla con nuevos y felices recuerdos. Me reuní con Eddie en la casa el siguiente fin de semana, como se había planeado.

Mi hermano y yo trabajamos los siguientes dos fines de semana sin ningún incidente. Era bueno pasar algo de tiempo con él y con su ayuda fuimos capaces de poner la casa en forma en poco tiempo. El tercer fin de semana llegué el sábado por la mañana para encontrar a mi hermano mirando hacia el campo. Me acerqué a él y toqué su hombro. Él saltó, sorprendido.

"¡Jesucristo, Danny! ¡Casi me matas de susto!", dijo al salir de su trance.

"Lo siento. Pero parecía que estabas en el espacio".

"Oh sí, sólo viendo al espacio". Se rio. "Supongo que me estoy volviendo senil a mi edad".

"Sí, treinta años y todo eso. Probablemente deberíamos prepararte para el asilo". Soltó una risa rápida y me dio un golpe juguetón en el hombro antes de volver a mirar el campo.

"Oye... ¿no solía haber un árbol ahí? ¿Una cosa vieja y retorcida, de apariencia bastante espeluznante?".

Mi corazón se hundió en el pecho. Me había divertido tanto trabajando en el lugar con mi hermano que no había pensado en el árbol o en las fotos en la última semana. "Sí, lo talé". Mi tono se volvió sombrío. Esperaba que no me preguntara nada más y creo que pudo verlo en mi rostro.

"Qué alivio. Esa cosa era horrible". Me sonrió. "Volvamos al trabajo".

Pasamos el resto del día reconstruyendo el piso de atrás, el cual habíamos quitado la semana pasada. Se había podrido y se estaba cayendo a pedazos. Durante unos de los descansos para fumar, Eddie abrió una cerveza y me la pasó. Regrese el favor al encender un cigarrillo y pasárselo. Fumó y tosió un poco antes de tomar un trago a su cerveza.

"No te atreves a decirle a mi esposa que he estado fumando", dijo mientras volvía a fumar. "Marla me mataría".

"Mis labios están sellados, hermano", me reí y encendí un cigarrillo para mí.

"¿Así que Crystal y mi sobrino vienen mañana?".

"Sí, ella quería revisar el lugar y estoy cansado de pasar todos los fines de semana lejos de mi niño. Será bueno mostrarles el lugar". No estaba seguro de qué tanto creía lo que dije. El lugar todavía me daba una sensación extraña que intentaba ignorar, pero me seguía perturbando.

"Este lugar siempre tuvo una vibra extraña cuando éramos niños". Dijo Eddie, al parecer de la nada. Él estaba viendo hacia la barda del patio como si pudiera ver más allá, hacia el campo.

"¿De qué estás hablando?", dije antes de tomar otro trago a mi cerveza.

. . .

"Sólo… No lo sé". Se perdió en sus pensamientos un momento antes de volver a ponerme atención. "Me alegro de que lo estés arreglando, Danny".

Nos sentamos en silencio por un momento hasta que casi terminamos nuestras cervezas. Mi hermano dio un último trago y tronó sus labios.

"Le cala, le cala. El final de otro", dijo antes de voltear hacia mí con una sonrisa. Salté de mi silla y retrocedí lejos de él como si le hubiera sacado un cuchillo.

"¡Wow, hermano! ¿Se te metió una abeja en los pantalones?", dijo con una risa.

"¿Por qué demonios dijiste eso?". Ahora estaba parado detrás de la silla y la utilizaba como una barrera entre los dos.

"Porque saltaste como un maniático", contestó, dando un paso hacia mí. "¿Estás bien?".

"No lo de la abeja, idiota. ¿Qué dijiste antes de eso?". Di un paso hacia atrás, agarrando el cuello de la botella para usarla como arma.

"Dije, ese es el final de otro descanso. ¿Qué demonios te pasa?".

Relajé mi postura y me incliné sobre el respaldo de la silla. Quizás estaba escuchando cosas. Era posible; sentía como si la frase estuviera clavada en mi cerebro. Decidí que pude haber escuchado mal y me había vuelto loco. Me sentía estúpido. Hasta donde yo sabía, mi hermano no sabía nada sobre lo que sucedía en este lugar y quería que siguiera en la ignorancia.

. . .

"Nada…". Lo miré y forcé una sonrisa. "Creo que he estado trabajando mucho, mi mente me está jugando trucos sucios".

"Vaya que sí". Su rostro estaba lleno de preocupación. Se podía notar que estaba genuinamente confundido. Mi corazón se tranquilizó y terminé de beber mi cerveza antes de caminar a su lado y darle una palmada en el hombro.

"No te preocupes". Mi sonrisa más genuina esta vez. "Tu hermano pequeño es un idiota. Volvamos al trabajo".

Eso fue lo que hicimos. Logramos terminar con el piso de atrás a lo largo del día. Todos los otros descansos que tomamos tuvieron un silencio incómodo la mayoría del tiempo. Solamente quería ver a Crystal y a mi hijo. Esperaba que me hicieran sentir menos intranquilo después de esa pequeña alucinación. Eddie se quedó dormido en el sillón poco después de terminar y yo me quedé dormido en la habitación de arriba.

Creo que soñé con el árbol esa noche. De hecho, estoy seguro de que así fue. Claro, si mi sueño no hubiera sido interrumpido poco después de las cuatro de la mañana.

Me desperté al ver una figura parada sobre la cama, solamente viendo hacia mí. Estuve a punto de volverme loco y correr a buscar el arma de mi abuelo en el armario, pero mis ojos se ajustaron rápidamente. Era Eddie. La mirada en su rostro dejaba ver como si se le hubiera escapado la vida por los poros.

. . .

"¿Eddie?", pregunté tallando mis ojos. "¿Qué demonios está pasando? ¿Todo está bien?".

"Ella debajo del árbol exige retribución por lo que hiciste".

Levanté una ceja. Me sentía completamente confundido y todavía medio dormido. Antes de que pudiera preguntar qué demonios quería decir, habló de nuevo.

"Le cala, le cala, debemos de no buscar un final. No quiero que ella tenga a tu hermano, lo siento".

Mi estómago se hizo nudos en mi pecho, arrojé las cobijas y salté fuera de la cama. Pero antes de que mis pies tocaran el piso, Eddie estaba sobre mí con una fuerza que no sabía que tenía. Me rodeó como una serpiente y sentí que su brazo presionaba mi cuello. Jadeé y arrojé los codos en un intento de liberarme, pero entre más peleaba, más fuerte me apretaba. En poco tiempo, todo se volvió negro.

Cuando volví a despertar, olía a tierra y moho. Una tenue luz iluminó mi visión mientras tosía e intentaba levantarme para ponerme de rodillas. Pude escuchar unos sonidos ahogados en la distancia, las voces de Eddie y de Crystal. Intenté gritarles, pero todo lo que pude hacer fue ahogarme con la tos. Me levanté en mis pies, sintiendo como si me hubiera aplastado un montón de ladrillos. Mis ojos comenzaron a ajustarse a la luz, revelando que estaba en el sótano de la casa.

. . .

De repente, escuché a Crystal soltar un pequeño grito antes de que fuera cortado por el sonido de algo cayendo en el piso. A esto le siguió el sonido de mi hijo llorando.

Mis fuerzas volvieron en ese momento y mis piernas me llevaron arriba de las escaleras tan rápido como pudieron. Ya podía escuchar los llantos de mi hijo apagándose mientras se alejaban por la puerta principal de la casa y hacia el campo.

Me abalancé contra la puerta del sótano con toda mi fuerza mientras gritaba el nombre de Eddie en alientos rasposos. Se sintió como una eternidad y me preguntaba cómo podía ser que una puerta tan vieja soportará mis golpes. Finalmente escuche que la madera cedía después de lo que se sintió como diez minutos de abalanzarme contra ella, y el seguro se rompió en pedazos, dejando que la puerta se abriera libre. Sin dudarlo, me arrojé hacia la esquina de la sala donde vi a Crystal inconsciente en el piso. Su través estaba sangrando, pero estaba viva, y necesitaba recuperar a mi hijo. Las palabras de Eddie resonaron en mi mente:

"Ella debajo del árbol exige retribución por lo que hiciste".

. . .

Imágenes de mi hermano levantando a mi hijo por el cuello y sonriendo de forma maniática invadieron mis pensamientos. De alguna manera, también sabía que eso era lo que iba a ocurrir, lo cual no tenía sentido porque había cortado el árbol en muchos pedazos. De mala gana, dejé a Crystal y corrí escaleras arriba para agarrar la escopeta del armario. No estaba dispuesto a arriesgarme, no cuando se trataba de mi hijo.

Pasé por la ventana que dejaba ver el campo y pude ver a Eddie cargando a Jeffrey en esa dirección, pero también vi algo más. Algo que me heló la sangre en las venas. Vi el árbol.

Una silueta negra contra el cielo nublado. Su cuerpo nudoso y retorcidas ramas alzándose en oración… Al igual que siempre había sido. No tenía tiempo para preguntarme cómo sucedió, nada de esto tenía sentido, pero sabía lo que iba a pasarle a mi hijo. Rápidamente cargué la escopeta, asegurándome de que estuviera cargada, y corrí fuera de la casa.

Ellos llegaron al árbol antes de mí. Eddie había arrojado una cuerda sobre una de las ramas más gruesas y la puso alrededor del cuello de Jeffrey.

. . .

Antes de que siquiera pudiera levantar la escopeta hacia Eddie, él ya había puesto la cuerda sobre su hombro y había comenzado a levantar a Jeffrey por el cuello.

Levanté la escopeta y apunté directamente a mi hermano.

"¡Bájalo, Eddie!", grité, mi voz todavía rasposa y me hacía doler la garganta.

"¡Hago esto por ti, hermano! Le cala, le cala, no quiero tu final". Él no estaba sonriendo como había visto en mi cabeza, las lágrimas recorrían su rostro. "Ella exige tu sangre. ¡Esta es la única manera!".

"¡No lo volveré a decir!", di un paso hacia él; no había posibilidad de fallar. Cargué el arma. Podía ver los pies de Jeffrey pateando violentamente en el aire. Uno de sus pequeños zapatos cayó al piso. "¡BÁJALO!".

Ahora las lágrimas eran mías. Sentía como si una terrible compulsión por jalar el gatillo me hubiera invadido. Podía escuchar la voz de una mujer en mi cabeza. "Le cala, le cala, hazlo". Era poco más que un susurro, pero estaba ahí, detrás de mis pensamientos. Me quedé mirando al árbol sintiéndome exactamente igual que la primera vez, en las manos de un verdadero terror.

"¡Ella necesita un sacrificio tuyo!", gritó mi hermano, su rostro y su voz trastornados por la locura. "¡Le cala, le cala, acepta el…!".

Su voz se detuvo por el sonido retumbante de la escopeta mientras presionaba el gatillo.

. . .

No recuerdo mucho después de eso, sólo unos cuantos pedazos. Recuerdo haber recogido a mi hijo del suelo y cargarlo de regreso a la casa. Recuerdo a Crystal corriendo hacia mí, llorando, y agarrando a Jeffrey de mis brazos con una mirada confundida. Recuerdo colapsar antes de que la policía y la ambulancia llegaran. Crystal dijo que no podían interrogarme porque aparentemente seguía diciendo que "eso" no debía estar ahí, que lo había cortado en pedazos.

No me atreví a decir la verdad sobre el árbol. Hasta donde ella y cualquiera sabe, mi hermano se volvió loco. Desearía poder creer que eso es verdad; me haría sentir mucho menos terrible por restregar su nombre en el lodo después de haberlo asesinado. Pero tampoco te equivoques, eso es exactamente lo que hice. Había otras maneras para detenerlo, he pensado en todas ellas cientos de veces. Me digo que la razón por la que jalé el gatillo fue porque estaba en pánico. Pero yo sé, fue "ella debajo del árbol", como Eddie la había llamado. Ella obtuvo su sacrificio de mi parte, tanto en sangre como en humanidad.

Nunca me tomé la molestia de volver a cortar el árbol. De hecho, decidí dejar que el lugar se pudriera.

. . .

Me rehusé siquiera a vender el lugar y estoy más que seguro que nunca volveré a acercarme. Sigo esperando que se queme en algún accidente extraño. Aunque sé que eso no pasará.

Diablos, aunque así pasara… Ese maldito árbol seguiría ahí. Nudosas y retorcidas ramas alzándose hacia el cielo adorando lo que sea que fuera el poder al que servía.

Conclusión

Las creepypastas han estado circulando por muchos años con gran entusiasmo, desde principios de los años 2000 con "Ted el tallador." Muchas personas creen que estas historias dejarán de existir, que las creepypastas han muerto. Que son demasiado repetitivas o que nadie cree en ellas.

Después de haber visto años de publicaciones de todo tipo en internet y ahora adaptaciones a televisión o películas, ahora sé que las creepypastas nunca van a desaparecer. Algunas pastas son buenas, algunas pastas son malas… Tienes que encontrar aquellas que te aterrorizan lo suficiente para dejarte pensando sobre la historia después de dejar tu computadora. Esas son las que mantienen la cultura de las creepypastas viva.

. . .

Hay historias tan buenas que incluso tienen su propia etiqueta para que las personas busquen creepypastas parecidas o en el mismo universo. Se puede ver a los fanáticos dibujando sobre las creepypastas. Incluso ya hay adaptaciones en el cine de algunas de ellas, lo que hace que este universo sea cada vez más fuerte.

Las creepypastas son historias que toman forma a partir de nuestros miedos más profundos. Historias que por siglos han sido legadas, que se han contado una y otra vez de persona a persona. En el internet, eso se llama copiar y pegar… Las cosas han cambiado. Pero que las historias se vuelvan a contar no ha cambiado. Eso se debe a que las historias nunca mueren. Solamente existen. No puedo decirte lo que te hará leer muchas horas de estas historias en internet. Cuando mires al Slenderman casi acuchillándote, da un paso hacia atrás y di "wow". El poder y la intriga que estas historias tienen en nuestra consciencia colectiva es y será bastante fuerte por muchos años más.

www.ingramcontent.com/pod-product-compliance
Lightning Source LLC
LaVergne TN
LVHW021720060526
838200LV00050B/2775